W0171848

ESOTERISCHES
WISSEN

Herausgeber dieser Reihe Michael Görden

SHAKTI GAWAIN

DAS LEBEN-IM-LICHT-PROGRAMM

Deutsche Erstausgabe

WILHELM HEYNE VERLAG
MÜNCHEN

HEYNE ESOTERISCHES WISSEN
08/9621

Aus dem Amerikanischen übertragen
von Thomas Görden

Titel der Originalausgabe:
LIVING IN THE LIGHT WORKBOOK
erschienen bei Whatever Publishing, Inc., New World Library, San Rafael, California

Copyright © 1991 by Shakti Gawain und Laurel King
Copyright © 1993 der deutschsprachigen Ausgabe
by Wilhelm Heyne Verlag GmbH & Co. KG, München
Printed in Germany 1993
Umschlaggestaltung: Atelier Adolf Bachmann, Reischach
Umschlagillustration: Elmar Kohn, Landshut
Satz: Kort Satz GmbH, München
Druck und Bindung: RMO, München

ISBN 3-453-06088-1

Inhaltsverzeichnis

Danksagung

Ich möchte Laurel King meine Anerkennung aussprechen, die den ersten Entwurf dieses Manuskriptes und den größten Teil der Übungen schuf.

Ich möchte Leslie Keenan für die Hilfe bei der Fertigstellung des Buches danken.

Dank an Kathy Altman, die einige Übungen und gute Ideen beisteuerte.

Und Dank an Marc Allen, ohne den dieses Buch (wie immer) nicht zustande gekommen wäre...

Einleitung

In meinem Buch *Leben im Licht: Quelle und Weg zu einem neuen Bewußt-sein* beschreibe ich eine Herausforderung, der wir Menschen uns meiner Ansicht nach an diesem Punkt der Bewußtseinsevolution hier auf der Erde gegenübersehen. Die Herausforderung besteht für jeden von uns darin, daß wir uns als Individuen wieder mit unserer tiefsten spirituellen Quelle ver-binden und lernen, Moment für Moment, Tag für Tag gemäß unserem inne-ren Sinn für Wahrheit zu leben. Um dies zu erreichen, müssen wir die Fä-higkeit entwickeln, auf unsere Intuition zu hören und ihr zu folgen — jene tiefinnere Führung, die in uns allen existiert, aber die die meisten von uns zu ignorieren gelernt haben.

Mit ein bißchen Hilfe und Übung können die meisten Menschen die Ver-bindung zu ihrem intuitiven Sinn herstellen und lernen, ihm zu vertrauen. Wenn wir lernen, unserer inneren Führung zu vertrauen, kann sie uns Schritt für Schritt zu sehr praktischen Problemlösungen hinführen, Barrie-ren auflösen und unsere Kreativität in allen Lebensbereichen erweitern — Gesundheit und Wohlbefinden, Beziehungen, Karriere und Finanzen, emo-tionale Heilung und spirituelle Entwicklung. Je mehr wir in der Lage sind, uns selbst zu vertrauen und unserer inneren Wahrheit zu folgen, desto reicher und erfüllter wird unser Leben. Und ich glaube, daß nur dieses indi-viduelle, persönliche Engagement für ein ganzheitliches, im Gleichgewicht befindliches Leben es uns ermöglicht, unsere Welt zu heilen und zu trans-formieren.

Dieses Arbeitsbuch wurde als Ergänzung und Fortsetzung von *Leben im Licht* konzipiert. Die Reihenfolge einiger Kapitel wurde geändert, um die Benutzung als Arbeitsbuch zu erleichtern. Ein paar Meditationen und Übungen aus *Leben im Licht* wurden übernommen, doch zum größten Teil handelt es sich in diesem Buch um neues und anderes Material. Dieses Ar-beitsbuch soll Ihnen dabei helfen, besser, tiefer und genauer zu erforschen, wie sich diese Ideen und Prinzipien in Ihrem eigenen Leben anwenden lassen.

Ich empfehle Ihnen, wenn möglich, zunächst *Leben im Licht* zu lesen und die darin enthaltenen Meditationen und Übungen zu machen, ehe Sie sich diesem Arbeitsbuch zuwenden. Doch in manchen Fällen ist das vielleicht nicht nötig; möglicherweise finden Sie das Arbeitsbuch für sich allein nützlich und wertvoll. Verlassen Sie sich dabei auf Ihre Intuition!

Ich hoffe aufrichtig, daß dieses Arbeitsbuch ein nützliches Hilfsmittel für Sie sein wird und daß es Ihre Kreativität anspricht und Ihnen Freude macht.

In Liebe

Shakti

Wie man dieses Arbeitsbuch benutzt

Jedes Kapitel des Arbeitsbuches beginnt mit einer kurzen Einleitung, an die sich eine Übung oder eine Serie von Übungen anschließt. Manche Übungen sind Meditationen; bei vielen wird geschrieben oder manchmal auch gemalt. Im Arbeitsbuch selbst ist Platz zum Schreiben und Malen (es gibt sogar einen breiten Rand für Notizen). Doch es kann sein, daß Sie damit nicht auskommen. Wenn das der Fall ist, schlage ich vor, daß Sie zusätzlich ein separates Notizbuch benutzen, damit Sie so viel Platz zur Verfügung haben, wie Sie brauchen. Sie können es als Tagebuch verwenden, in dem Sie festhalten, was geschieht, während Sie mit diesem Material arbeiten, täglich Ihre Träume, Gedanken, Gefühle und Einsichten notieren. Sie können auch später immer wieder in diesem Arbeitsbuch blättern und bestimmte Übungen noch einmal wiederholen. Es wurde bewußt viel Platz gelassen, damit Sie es mehr als einmal benutzen können.

Ich schlage außerdem vor, daß Sie sich mit wunderschönen bunten Stiften und/oder Zeichenkreide ausrüsten und ausprobieren, wie Sie sie bei der Beschäftigung mit dem Material in diesem Buch verwenden können. Lassen Sie Ihrer Kreativität freien Lauf! Schließlich braucht niemand zu sehen, was Sie da tun, es sei denn, Sie entscheiden sich bewußt, es jemandem zu zeigen.

Da das Arbeitsbuch mit den grundlegenden Prinzipien beginnt und dann auf diesem Fundament aufbaut, können Sie die Übungen gut in der vorgegebenen Reihenfolge machen. Doch wenn Sie möchten, können Sie sich ebensogut nur mit den Kapiteln beschäftigen, die Sie besonders ansprechen, oder einfach hin und her blättern. Einige von Ihnen brauchen vielleicht ein paar Wochen, um das Material durchzuarbeiten; andere erleben möglicherweise einen Prozeß, der sich über mehrere Jahre erstreckt! Vertrauen Sie dem Lauf der Dinge und tun Sie, was sich gut anfühlt.

Einige von Ihnen werden davon profitieren, wenn Sie mit ein paar Freunden eine Gruppe bilden, die sich wöchentlich oder einmal im Monat trifft, um die Übungen gemeinsam zu machen; dann können Sie Ihre Gefühle und Reaktionen auf die Herausforderungen, Veränderungen und Wunder, die Sie erleben werden, miteinander teilen.

Eine sehr wichtige Anmerkung: Das Material in diesem Arbeitsbuch berührt einige sehr tiefliegende Bereiche der Psyche, so daß eine Menge Emotionen und Gefühle an die Oberfläche kommen können. Es kann sehr wichtig und hilfreich sein, professionelle Unterstützung durch einen guten Therapeuten zu haben, während Sie diese Gefühle und Probleme durcharbeiten – entweder in Form von Einzelsitzungen oder innerhalb einer Gruppe. Ich halte außerordentlich viel von Therapie. Ich bin der Ansicht, daß die meisten Menschen, die sich auf dem Pfad der Bewußtseinsentwicklung befinden, dabei zu bestimmten Zeiten die Hilfe und Einsicht eines professionellen Therapeuten benötigen. Suchen Sie sich jemanden, bei dem Sie das Gefühl haben, daß er wirklich vertrauenswürdig und hilfreich für Sie ist. Scheuen Sie sich nicht, zunächst Gespräche mit mehreren in Frage kommenden Therapeuten zu führen, ehe Sie sich für einen entscheiden, bei dem Sie ein gutes Gefühl haben. Wenn Sie glauben, sich eine professionelle Therapie finanziell nicht leisten zu können, gibt es auch noch andere Möglichkeiten, emotionale Unterstützung zu bekommen, zum Beispiel Zwölf-Stufen-Programme wie die Anonymen Alkoholiker, Overeaters Anonymous (dt. etwa: Anonyme Eßsüchtige), Al-Anon, Codependents Anonymous (dt. etwa: Anonyme Ko-Abhängige), Debtors Anonymous (dt. etwa: Anonyme Schuldner), und so weiter.* Die Treffen sind kostenlos und werden in den meisten größeren Städten angeboten.

Ich wünsche Ihnen immer mehr Energie, Bewußtheit, Freude, Kreativität, Wohlstand und Lebendigkeit auf Ihrer persönlichen Entdeckungsreise.

Liebe und Licht,
Shakti

---

* Anm. d. Übers.: Auch in Deutschland existieren inzwischen viele solcher Selbsthilfegruppen. Wer sich über Gruppen in seiner Nähe informieren möchte, wendet sich am besten an die örtlichen Kirchengemeinden oder die Büros der Wohlfahrtsverbände (z. B.: Caritas oder Arbeiterwohlfahrt). Oft werden die Treffen auch in den Lokalzeitungen angekündigt.

Das Fundament

Wir werden uns jetzt mit folgenden, in *Leben im Licht* beschriebenen Grundprinzipien befassen:

- Es gibt in Ihnen eine Höhere Kraft.
- Durch Ihre intuitive Führung können Sie lernen, auf Ihre Höhere Kraft zu hören.
- Sie sind ein spirituelles Wesen, daß sich in einer physischen Form befindet.
- Sie sind ein Kanal, durch den die kreative Energie des Universums sich in der physischen Welt manifestiert.

Indem Sie lernen, Ihrer intuitiven Führung zu folgen, können Sie Ihr physisches Leben immer mehr in Einklang mit Ihrem spirituellen Sein bringen. Indem Sie in Ihrem persönlichen Leben Gleichgewicht und Ganzheit erzeugen, leisten Sie einen großen Beitrag zur Transformation der Welt.

Die folgenden Übungen werden Ihnen helfen, sich darüber klarzuwerden, was diese Prinzipien für Sie bedeuten. Jedes Individuum ist einzigartig. Daher werden Sie alle die höhere Kraft, die Intuition, das Channeling, Geist und Form auf die Ihnen eigene Weise erleben. Wenn sich Ihre Erfahrungen von denen anderer unterscheiden, wird dadurch keinesfalls der Wert Ihrer Erfahrung vermindert, sondern vielmehr die Einzigartigkeit Ihres Wesens gefeiert. Ich hoffe, Ihre Reise und Ihre Entdeckungen beim Bau Ihres eigenen Fundamentes werden Ihnen Freude machen.

Die Höhere Kraft in Ihnen

Grundlage für das Leben in der neuen Welt ist die Erkenntnis, daß es im Universum eine höhere Intelligenz gibt, eine fundamentale kreative Kraft oder Energie, die Quelle und Wesenskern von allem ist, was existiert. Einige der gebräuchlichen Bezeichnungen für diese Intelligenz sind:

Gott	Ich bin
Geist	Die Kraft
Höhere Kraft	Die Quelle
Das Licht	Kosmische Intelligenz
Das Universum	Innere Führung
Höheres Selbst	Christusbewußtsein

Dieses Arbeitsbuch beginnt damit, daß Sie Ihre Beziehung zu dieser Höheren Kraft entdecken. Glauben Sie an diese Intelligenz, oder sind Sie sich nicht sicher, ob sie existiert? Wenn Sie an diese Kraft glauben, sind Sie dann auch bereit, ihr zu vertrauen? Wenn Sie unsicher sind, sind Sie dann trotzdem bereit, das Wagnis einzugehen, für eine gewisse Zeit einmal einfach so zu tun, als würden Sie an die höhere Kraft glauben, um herauszufinden, was dann geschieht?

Wenn wir die Existenz dieser Kraft in uns erst einmal akzeptiert haben und lernen, ihr zu vertrauen, können wir uns dafür öffnen, in unserem Leben Führung zu erhalten. Wenn diese Führung auch viele verschiedene Formen annehmen kann, wird sie in jedem Fall immer mehr Freude, Gesundheit, Energie und Wohlstand in Ihr Leben bringen.

Wenn wir lernen, der Höheren Kraft des Universums absolut zu vertrauen, werden wir im Einklang mit universalen Prinzipien leben. Dann können wir das reichere, kreativere, gesündere und erfülltere Leben genießen, das auf uns wartet.

ÜBUNG 1

Um einer Höheren Kraft voll und ganz vertrauen zu können, ist es entscheidend, sich diese Höhere Kraft auch als vertrauenswürdig vorzustellen. Da wir Menschen sind, neigen wir dazu, dieser Höheren Kraft menschliche Eigenschaften zu verleihen, und manchmal sind diese Eigenschaften *nicht* dazu geeignet, Vertrauen zu schaffen.

Die Gottesvorstellungen der Menschen stammen im allgemeinen aus der Vergangenheit. Sie basieren auf früher religiöser Schulung und/oder Erfahrungen in der Familie. Für viele Leute ist die Höhere Kraft eine Autoritätsperson oder ein Elternteil, von dem sie als Kinder angeleitet wurden. Je nachdem, ob die Erwachsenen in ihrer Umgebung stark und liebevoll oder kritisch und strafend waren, übertrugen sie diese Eigenschaften auf Gott. Für andere besteht Gott nur aus dem, was sie über ihn gelesen oder in der Kirche gelernt haben. Für die meisten ist er eine Mischung aus von anderen übernommenen Vorstellungen, keine Erfahrung, die sie in sich selbst gespürt haben.

Wenn Sie das im Gedächtnis behalten, können Ihnen die folgenden Fragen helfen, Ihr Bild von dieser Intelligenz und Ihre Beziehung zu ihr zu klären und zu erweitern. Schreiben Sie, wenn Sie die Fragen beantworten, das auf, was Ihnen als erstes in den Sinn kommt. Wenn Ihnen die Beantwortung einer Frage Schwierigkeiten macht, lassen Sie sie aus und gehen Sie weiter zur nächsten.

A. Nennen Sie zehn Eigenschaften Gottes, die Sie als Kind gelernt haben. Zum Beispiel:

1. *furchteinflößend*
2. *groß*
3. *mächtig*
4. *Richter*

1. _____

2. _____

3. _____

4. _____

5. _____

6. _____

7. _____

8. _____

9. _____

10. _____

Machen ihn diese Eigenschaften vertrauenswürdig?

B. Wenn sich Ihr Glaube an eine Höhere Intelligenz seit Ihrer Kindheit verändert hat und Sie diese Intelligenz jetzt anders sehen oder empfinden, nennen Sie zehn Eigenschaften, mit der Sie diese Kraft heute charakterisieren. Zum Beispiel:

1. *Energiequelle*
2. *liebevoll*
3. *allmächtig*

1. _Urkraftquelle_

2. _Licht_

3. _Liebe_

4. _Vergebung_

5. _Begleiter_

6. _Schöpferkraft_

7. _Führung_

8. _____

9. _____

10. _____

C. Angenommen, Sie würden Ihren Glauben an eine Höhere Kraft noch mehr erweitern, so daß Sie ihr jederzeit voll und ganz vertrauen könnten, welche Eigenschaften müßte diese Kraft dann haben? Zum Beispiel:

1. *absolut verläßlich*
2. *allwissend*
3. *akzeptiert mich vollkommen*

1. _kennt mich u. meinen Weg_

2. _will mich begleiten_

3. _____

4. _____

5. _____

6. _____

7. _____

8. _____

9. _____

10. _____

D. Schließen Sie die Augen. Stellen Sie sich beim Einatmen vor, daß Sie alle diese positiven Eigenschaften der Höheren Kraft in Ihren Körper atmen; atmen Sie dann alle Eigenschaften aus, die dem nicht entsprechen. Fühlen Sie zum Beispiel, daß Sie Licht, Wissen, Selbstannahme, Liebe, Stärke und Energie einatmen, und atmen Sie dann Müdigkeit, Anspannung, Selbsthaß, Besorgtheit aus.

ÜBUNG 2

Beschäftigen Sie sich, um Ihre Höhere Kraft noch besser kennenzulernen und Ihre Beziehung zu ihr besser zu verstehen, mit den folgenden Fragen.

A. Beschreiben Sie kurz, wie diese Kraft aussieht oder sich anfühlt. Sieht Sie wie ein Mensch oder wie ein Tier aus, ist es eine Lichtgestalt oder ein Energiewesen? Ist sie männlich oder weiblich, oder ist es eine Kombination aus männlichen und weiblichen Eigenschaften, oder hat sie keinerlei geschlechtsspezifischen Merkmale?

B. Wie sieht Ihre Beziehung zu dieser Kraft aus? Können Sie beschreiben, wann und wie Sie Kontakt mit ihr aufnehmen? Geschieht das an einem bestimmten Ort (einer Kirche, einem Tempel oder einem anderen heiligen Platz), in der freien Natur, durch Meditation oder Gebet, Tanzen, Körperübungen? Spüren Sie den Kontakt in Ihrem Körper, Ihrem Bewußtsein, Ihren Gefühlen oder in Ihrem Geist, oder sind zwei oder mehr dieser Ebenen zugleich beteiligt?

C. Angenommen, die Beziehung zu Ihrer Höheren Kraft würde wachsen und sich verstärken, wie sollte Sie aussehen? Hätten Sie, zum Beispiel, lieber einen beständigeren Kontakt, oder wünschen Sie sich Führung bei ganz bestimmten Problemen? Erforschen Sie diese ideale Beziehung.

D. Schließen Sie die Augen und verbringen Sie ein paar Minuten damit, die Gegenwart dieser Kraft oder Wesenheit zu visualisieren. Stellen Sie sich vor, daß Ihre Verbindung zu dieser Kraft so ist, wie Sie es sich immer gewünscht haben — spüren, sehen, erleben Sie sie jetzt in diesem Augenblick als völlig real.

INTUITION

Unsere Höhere Kraft spricht zu uns durch unsere Intuition. Ihre Intuition ist das Gefühl, das ›aus dem Bauch‹ kommt — die Quelle Ihrer tiefsten persönlichen Wahrheit. Wenn Sie bereit sind, genau auf dieses Gefühl zu achten, wird es Sie sicher durch jede Etappe Ihrer Lebensreise leiten. Die Weisheit des Universums steht uns allen unbeschränkt zur Verfügung. Um sie zu erlangen, müssen wir lediglich lernen, auf unsere innere Stimme zu hören.

Wie können wir Verbindung mit unserer Intuition aufnehmen? Auf diese Frage gibt es mehr als eine Antwort. Hier muß jeder seinen eigenen Weg finden. Manche Menschen stellen den Kontakt zu ihrer intuitiven Führung durch formelle Meditation her, andere durch künstlerische Betätigung, durch Tanzen, Sport, Musik, Schreiben, Spaziergänge in der Natur, oder in Augenblicken der Stille. Ihre Intuition kann tatsächlich als innere Stimme zu Ihnen sprechen, vielleicht werden Sie aber auch durch ein starkes Gefühl, eine Vorahnung, durch innere Bilder, Töne oder Schwingungen geleitet.

Die folgenden Übungen werden Ihnen dabei helfen, Verbindung mit Ihrer Intuition aufzunehmen und ein klares Gespür für sie zu bekommen. Vielleicht helfen Ihnen die Übungen auch dabei zu erkennen, daß Sie bereits in Kontakt mit Ihrer Intuition sind.

ÜBUNG 3

Setzen oder legen Sie sich an einem ruhigen Ort bequem hin. Schließen Sie die Augen und entspannen Sie sich. Atmen Sie mehrfach langsam und tief durch, und entspannen Sie sich mit jedem Atemzug immer mehr. Entspannen Sie Ihren Geist und lassen Sie Ihre Gedanken treiben, ohne ihnen besondere Aufmerksamkeit zu schenken. Stellen Sie sich vor, daß Ihr Geist so still wie ein ruhiger See wird.

Richten Sie Ihre bewußte Aufmerksamkeit nun auf eine Stelle tief in Ihrem Körper, im Bereich Ihres Magens oder Sonnengeflechts. Es sollte jene Stelle sein, die Sie als Quelle Ihrer ›Gefühle aus dem Bauch‹ empfinden. Das ist die physische Stelle, wo Sie am leichtesten den Kontakt zu Ihrer Intuition herstellen können.

Stellen Sie sich vor, daß dort drinnen ein weises Wesen wohnt. Vielleicht haben Sie eine Vorstellung davon, wie dieses weise Wesen aussieht, vielleicht spüren Sie aber auch einfach nur, daß es da ist. Dieses weise Wesen ist wirklich ein Teil von Ihnen – Ihr intuitives Selbst. Sie können mit ihm kommunizieren, indem Sie still zu ihm sprechen, Wünsche äußern oder Fragen stellen. Entspannen Sie sich dann, denken Sie nicht zu angestrengt nach und seien Sie offen für die Antworten. Die Antworten können als Worte, Gefühle oder Bilder kommen. Für gewöhnlich sind diese Antworten sehr einfach, sie stehen in Bezug zum gegenwärtigen Augenblick (nicht zur Vergangenheit oder Zukunft) und sie ›fühlen sich richtig an‹. Wenn Sie nicht sofort eine Antwort erhalten, lassen Sie die Angelegenheit los und fahren Sie mit Ihren Alltagsgeschäften fort. Die Antwort wird später kommen, entweder von innen als Gefühl oder Idee, oder von außen, durch einen anderen Menschen, ein Buch oder irgendein Erlebnis.

Zum Beispiel könnten Sie sich sagen: »Intuition, sage mir, was ich jetzt in diesem Moment wissen muß. Wie soll ich mich in dieser Situation verhalten?«

Trauen Sie dem Gefühl, das sich daraufhin einstellt, und handeln Sie danach. Wenn Sie dabei wirklich Ihrer Intuition gefolgt sind, werden Sie sich lebendiger und stärker fühlen, und neue Möglichkeiten werden sich für Sie auftun. Wenn sich dieses Ergebnis nicht einstellt, sind Sie vermutlich nicht wirklich Ihrer Intuition, sondern der Stimme Ihres Ego gefolgt. Gehen Sie wieder nach innen und bitten Sie um Aufklärung.

Es braucht Übung, auf die Intuition zu hören und ihr zu vertrauen. Je öfter Sie es tun, desto leichter wird es Ihnen fallen. Schließlich werden Sie fähig sein, Kontakt mit Ihrer Intuition aufzunehmen. Sie werden sich selbst Fragen stellen in dem Bewußtsein, daß das ›weise Wesen‹ in Ihnen eine unglaubliche Quelle der Macht und Stärke ist, die Ihre Fragen beantwortet und Sie sicher führt. Wenn Sie sensibler für diese intuitiven Gefühle werden, stellt sich schließlich ein sicheres Gespür dafür ein, wie man sich in jeder Situation angemessen verhält. Ihre intuitive Kraft steht Ihnen immer zur Verfügung, wenn Sie Führung benötigen. Sie wird Ihnen zugänglich, sobald Sie bereit sind, sich selbst und Ihrem inneren Wissen zu vertrauen.

ÜBUNG 4

Eine andere gute Methode, um in Kontakt mit Ihrer Intuition zu kommen, ist Schreiben mit der nicht-dominanten Hand.

Wenn Sie Rechtshänder sind, lassen Sie Ihre rechte Hand Ihr bewußtes, rationales Denken repräsentieren, und ihre linke Hand Ihr intuitives

Denken. (Als Linkshänder machen Sie es genau umgekehrt.) Nehmen Sie für jede Hand einen andersfarbigen Stift.

Schreiben Sie mit Ihrer dominanten Hand eine einfache Frage auf, die wichtig für Sie ist. Antworten Sie dann sofort, ohne lange nachzudenken mit der anderen Hand. Möglicherweise fällt Ihnen das schwer. (Sie werden sich wieder wie im Kindergarten vorkommen!) Tun Sie es trotzdem. Setzen Sie den Dialog so lange fort, wie Sie es für richtig halten. Vielleicht werden Sie überrascht sein, wieviel Sie dabei über sich herausfinden.

Beispiel:

Rechte Hand: Welche Richtung soll ich in meinem Leben einschlagen?
Linke Hand: Mach dir keine Gedanken, **wohin** du gehen sollst.
Sei einfach **hier**.
Rechte Hand: Aber was ist mit meiner Karriere?
Linke Hand: Entspann dich. Denk nicht so viel nach. Alles wird gut werden. Bemüh dich nicht so angestrengt.

Eine der Schwierigkeiten, wenn wir lernen möchten, unserer intuitiven ›Stimme‹ zu folgen, besteht darin, daß wir viele verschiedene ›Stimmen‹ oder Energien in uns haben. Und oft sagen uns diese Stimmen unterschiedliche und widersprüchliche Dinge! Das kann ziemlich verwirrend sein. Durch Übung und bewußte Aufmerksamkeit kann es uns gelingen, die Energie unserer Intuition von allen anderen Energien zu unterscheiden. In der Regel ist sie mit einem ganz bestimmten, unverwechselbaren Gefühl verbunden.

Einige unserer vielen anderen inneren Stimmen und Unterpersönlichkeiten kennenzulernen, kann jedoch nützlich und wichtig sein. Wenn wir uns bewußt werden, wer zu uns ›spricht‹ oder uns innerlich führt, wächst unsere Bewußtheit und unsere Fähigkeit, Entscheidungen zu treffen.*

Wenn Sie sich im Lauschen nach innen üben, wird Ihnen das helfen, die Botschaften Ihrer Intuition zu entschlüsseln und sie zwischen all den anderen inneren Stimmen klar herauszuhören. Wenn Sie Ihren inneren Dialogen mehr Aufmerksamkeit schenken, werden Sie vertrauter mit den unterschiedlichen Eigenschaften der verschiedenen ›Unterpersönlichkeiten‹.

Vielleicht fällt Ihnen auf, daß eine bestimmte Stimme in Ihnen stets sehr urteilend und kritisch auftritt — sie hält Ihnen stets vor, was Sie alles falsch machen. Das ist Ihr innerer Kritiker. Eine andere Stimme sagt Ihnen ständig, was Sie alles eigentlich tun ›sollten‹ — das ist vermutlich Ihr innerer ›Tyrann‹ oder ›Streber‹.

Es ist wichtig zu wissen, daß Ihre Höhere Kraft, die sich Ihnen durch Ihre Intuition mitteilt, nie auf schroffe, verurteilende oder tyrannische Art zu Ihnen spricht. Sie ist immer ermutigend und aufbauend und vermittelt Ihnen ein Gefühl der Lebendigkeit, Kraft und Heiterkeit, oder sie spendet Ihnen Trost. Wenn Sie sich von ihr führen lassen, führt das nicht zu Druck, Anspannung oder Selbstzweifeln, sondern zu mehr Bewußtheit und Energie.

In uns gibt es eine unendliche Zahl verschiedener ›Unterpersönlichkeiten‹, die in jedem Menschen anders strukturiert sind. Weit verbreitet sind folgende ›inneren Stimmen‹, die vermutlich auch Ihnen vertraut sind:

Der Perfektionist	Das verletzliche Kind
Der Kritiker oder Richter	Das verspielte Kind

---

* Ausführlichere Informationen zu diesem faszinierenden Thema finden Sie in ›Embracing Our Selves‹ und ›Embracing Each Other‹ von Dr. Hal Stone und Dr. Sidra Winkelman, New World Library, 1989. Oder hören Sie sich ihre Kassetten an, erhältlich bei Delos, Inc., P.O. Box 604, Albion, CA 95410, U.S.A.

Die Mutter oder Der Vater	Der Heranwachsende
Der Tyrann oder Streber	Der Rebell
Der rationale Denker	Der kreative Künstler
Der Retter	Das Opfer
Der spirituelle Sucher	Der Hedonist

Während der Meditationsübungen werden Sie vermutlich auf einige von diesen oder andere Charaktere stoßen.

Wenn Sie jeder dieser Stimmen die Gelegenheit zu sprechen einräumen, werden Sie danach leichter Ihre intuitive Stimme erkennen. Die nächste Übung soll Ihnen dabei helfen. Wenn Sie möchten, machen Sie sie gemeinsam mit einem Freund oder einer Freundin. Dann kann der eine die Meditation laut vorlesen, während der andere sie erlebt. Oder Sie sprechen den Text auf Band und spielen ihn dann ab, während Sie die Übung machen.

ÜBUNG 5

Setzen oder legen Sie sich an einem ruhigen Ort bequem hin. Schließen Sie die Augen und entspannen Sie sich. Atmen Sie mehrfach langsam und tief durch, entspannen Sie Ihren Körper mit jedem Atemzug immer mehr. Entspannen Sie Ihren Geist und lassen Sie Ihre Gedanken davontreiben. Versuchen Sie, keinem Gedanken besondere Aufmerksamkeit zu schenken. Lassen Sie jeden Gedanken, der Ihnen in den Sinn kommt, einfach los.

Stellen Sie sich jetzt vor, daß Sie eine schöne Wendeltreppe hinabsteigen... Stufe für Stufe immer tiefer hinabsteigen. Wenn Sie am Fuß der Treppe angekommen sind, stehen Sie vor einer riesigen Tür. Öffnen Sie sie und betreten Sie einen großen, herrschaftlichen Raum mit einem runden Tisch und Stühlen darin. Schauen Sie sich in Ruhe in dem Raum um. Wenn Sie bereit sind, suchen Sie sich einen Stuhl aus, nehmen Sie Platz und machen Sie es sich bequem. Sitzen Sie eine Weile ruhig da und lassen Sie zu, daß Ihr Geist ruhig und klar wird. Hören Sie dann jenen Teilen Ihrer Persönlichkeit zu, die gerne sprechen möchten. Wenn Sie merken, daß eine dieser Stimmen sich lauter als die anderen zu Wort meldet, lassen Sie diesen Teil von Ihnen am Tisch Platz nehmen. Lassen Sie diese Stimme alles sagen, was sie zu sagen hat. Vielleicht ist es Ihre kritische Stimme, die Ihnen sagen möchte, was Sie alles falsch gemacht haben, oder vielleicht ist es ein ängstlicher Teil von Ihnen, der beschreiben möchte, wie verängstigt er oder sie ist. Vielleicht möchte die Stimme über ein bestimmtes Problem in Ihrem Leben sprechen, oder aber über Ihr Leben im allgemeinen. Erlauben Sie der Stimme, alle Ihre Gedanken oder Gefühle auszudrücken.

Während die Stimme spricht, werden wahrscheinlich andere Teile von Ihnen reagieren. Zum Beispiel könnte, während Ihre kritische Stimme gerade das Wort hat, auch Ihr Rebell oder Ihr ängstliches Kind etwas sagen wollen. Erlauben Sie diesen Stimmen, gleichfalls am Tisch Platz zu nehmen, und lassen Sie auch sie zu Wort kommen. Es kann sein, daß schließlich auf allen Stühlen am Tisch Persönlichkeitsteile von Ihnen sitzen, ehe alle Meinungen und Gefühle kundgetan sind. Versuchen Sie nicht, das Geschehen zu deuten. Lassen Sie die verschiedenen Energien und Stimmen einfach nur zu Wort kommen. Nehmen Sie sich so viel Zeit, wie Sie brauchen, um sich anzuhören, was sie alle Ihnen zu sagen haben. Wenn die Aussprache beendet ist, danken Sie jedem für das, was er oder sie Ihnen mitgeteilt hat.

Nehmen Sie sich, nachdem die Stimmen gesprochen haben, ein paar Minuten Zeit, um sie sich genau anzusehen, und akzeptieren Sie sie alle als die vielen Teile Ihrer Persönlichkeit. Wenn Sie spüren, daß Sie bereit sind, bereiten Sie sich darauf vor, nun in eine tiefere Ebene Ihres Seins hinabzusteigen. Stellen Sie sich vor, daß Sie den Tisch verlassen und auf einen Tunnel zugehen. Sie betreten den Tunnel und bemerken, daß er in einem wunderschönen Licht leuchtet. Während Sie durch den Tunnel gehen, absorbieren Sie dieses heilende Licht und merken, wie die Stimmen hinter ihnen leiser werden. Das ist ein magischer Tunnel, durch den sie zu einem sicheren, schönen Ort gelangen. Jeder Schritt bringt Sie näher zu Ihrem inneren Heiligtum. Schon bald öffnet sich der Tunnel, und Sie sind da. Wie sieht Ihr Heiligtum aus, und wie fühlen Sie sich dort? Erschaffen Sie es genau so, wie Sie es gerne haben möchten, in einem Haus oder im Freien, ein Ort, den Sie bereits kennen, oder einer, den Sie sich jetzt in diesem Moment ausdenken.

Suchen Sie sich in Ihrem Heiligtum einen Platz, wo Sie sich bequem hinsetzen oder hinlegen können, und atmen Sie tief durch, bis Sie entspannt und voller Frieden sind.

Konzentrieren Sie Ihre bewußte Aufmerksamkeit jetzt auf jenen Ort tief in Ihrem Körper, wo Ihr inneres Wesen, Ihre Höhere Kraft ihren Sitz hat. Lassen Sie Ihr Intuitives Selbst in Erscheinung treten. Hat es Ihnen etwas zu sagen — hat es eine Botschaft für Sie? Sie können jetzt offen mit Ihrer Intuition sprechen, Wünsche äußern, Fragen stellen. Gibt es etwas, das Sie jetzt in diesem Moment gerne von Ihrer Intuition wissen möchten? Fragen

Sie und entspannen Sie sich. Halten Sie Ihren Geist frei von Gedanken, und seien Sie offen für die Antworten. Verbringen Sie mit Ihrer Intuition so viel Zeit, wie Sie gerne möchten. Wenn Sie fertig sind, bedanken Sie sich bei Ihrer Intuition für ihren Rat. Stellen Sie sich vor, daß Sie durch einen anderen Tunnel aus Ihrem Inneren Heiligtum zurück zu dem Ort gelangen, wo Sie sich gerade aufhalten. Wenn Sie wieder dort sind, werden Sie sich langsam der Geräusche in der Umgebung bewußt, spüren Sie den Boden unter Ihrem Körper oder Ihren Füßen. Und wenn Sie dazu bereit sind, öffnen Sie einfach die Augen.

In dem freien Feld unter diesem Text können Sie notieren, welche Stimmen zu Ihnen gesprochen haben. Fassen Sie kurz zusammen, welche Ideen oder Gefühle die einzelnen Stimmen Ihnen mitgeteilt haben. Beschreiben Sie dann Ihr Inneres Heiligtum und Ihre Erfahrungen beim Kontakt mit Ihrer Intuition. Welche Gefühlseindrücke oder welche wichtige Botschaft haben Sie von ihr erhalten?

ÜBUNG 6

A. Schauen Sie zurück und erinnern Sie sich an alle Situationen, wo Sie gegen Ihr inneres Gefühl handelten und nicht der Führung Ihrer Intuition folgten. Zählen Sie möglichst viele dieser Situationen auf. Welche Folgen hatte das jeweils?

Beispiele:

1. Meine Intuition sagte mir immer wieder, daß ich meinen Berater-Job aufgeben sollte, doch ich hörte nicht auf sie.
   Folgen: Ich hatte dreimal in einem Monat auf dem Weg zur Arbeit eine Autopanne. Ich fühlte mich sehr gestreßt und hatte große Schwierigkeiten mit meinen Klienten.

2. Meine Intuition riet mir, die Dinge ruhiger anzugehen und weniger hart zu arbeiten, doch aus Angst vor finanzieller Unsicherheit trieb ich mich weiter an.
   Folge: Ich bekam einen Hexenschuß und mußte zwei Wochen das Bett hüten.

3. Ich hatte das Gefühl, daß unsere Firma unnötige Risiken einging und daß ich meinem Chef meine Zweifel mitteilen sollte, unterließ es dann aber.
   Folge: Die Firma führte ihre Pläne aus und verlor eine Menge Geld.

1. ———————————————————————————————

2. ———————————————————————————————

3. ———————————————————————————————

4. ———————————————————————————————

5. ———————————————————————————————

B. Erinnern Sie sich nun an alle Situationen, in denen Sie Ihrer Intuition gefolgt sind. Nennen Sie möglichst viele davon und beschreiben Sie, wie Sie sich dabei fühlten. Wie sahen die Ergebnisse aus?

Beispiele:

1. Meine Intuition riet mir, ich sollte mich zu einem Lehrgang für Innenarchitektur anmelden.
   Ergebnis: Es machte mir viel Spaß, und jetzt arbeite ich halbtags in einem Design Center.

2. Ich hatte das Gefühl, daß mein Mann und ich uns trennen müßten, wenn wir nicht lernten, offener miteinander zu reden. Deshalb gingen wir zu einer Eheberatung.
   Ergebnis: Unsere Partnerschaft ist viel offener geworden. Wir sind weniger abhängig voneinander und unsere Beziehung basiert jetzt auf Vertrauen und Kommunikation.

3. Ich hatte den starken Impuls, meinem Chef einen kreativen Vorschlag zu machen.
   Ergebnis: Er war beeindruckt und ermutigte mich, diese Idee weiter zu entwickeln.

4. Ich beschloß, meinen Vollzeit-Job aufzugeben und nur noch teilzeit zu arbeiten. Ich vertraute darauf, daß meine Beratertätigkeit mir genug Geld einbringen würde.
   Ergebnis: Ich habe jetzt viel mehr Energie und fühle mich bei der Arbeit sehr gut.

1. _____

2. _____

3. _____

4. _____

5. _____

6. _____

7. _____

8. _____

9. _____

10. _____

C. Stellen Sie eine Liste von Dingen auf, die Sie heute tun würden, wenn Sie Ihrer Intuition voll und ganz vertrauten. Was würden Sie jetzt ›aus dem Bauch heraus‹ gerne tun? Seiner Intuition zu vertrauen bedeutet, daß man lernt, ganz in der Gegenwart zu leben. Was würden Sie jetzt in diesem Augenblick gerne tun?

Beispiele:

1. Mit meinem Chef über mögliche Verbesserungen in der Firma reden.

2. Mich entspannen und mich nicht ständig so anstrengen.

3. Den Freund anrufen, den ich schon ewig lange nicht gesehen habe, und hören, wie es ihm geht.

4. Einen Tag draußen auf dem Land verbringen, um mich von der Schönheit der Natur inspirieren zu lassen.

5. Zu einer Selbsthilfegruppe gehen, wo ich Unterstützung bei meinen persönlichen Problemen bekomme.

6. Mir den Nachmittag freinehmen und einen Spaziergang machen.

7. Den Abend zuhause verbringen, statt auszugehen.

8. Mich für diesen Kurs anmelden, für den ich mich so interessiere.

1. _____

2. _____

3. _____

4. _____

5. _____

6. _____

7. _____

8. _____

9. _____

10. _____

Ein kreativer Kanal werden

Wenn wir uns völlig dem Universum in uns öffnen, indem wir auf unsere Intuition hören und ihr vertrauen, werden wir zu Kanälen für die kreative Energie des Universums. (Gegenwärtig ist es populär, ein Trancemedium, das für eine andere Wesenheit spricht, als ›Kanal‹ zu bezeichnen. Ich meine mit diesem Begriff jedoch etwas anderes.) Ein kreativer Kanal zu sein bedeutet, daß Sie voll und ganz Sie selbst sind und wissen, daß das Universum durch Sie und Ihr kreatives Handeln spricht. Je mehr Sie Ihrer Intuition vertrauen, desto stärker und klarer wird Ihr Kanal. Wenn Sie bereitwillig Ihrer Intuition folgen, wird die Kreativität Ihrer Höheren Kraft sich durch Sie manifestieren.

Jedes kreative Genie war ein Kanal, und jedes Meisterwerk wurde durch den Prozeß des Channelns erschaffen (engl.: ›channel‹ = Kanal). Große Kunstwerke werden niemals nur von der Persönlichkeit erschaffen: Sie entstammen einer tiefen, universalen Inspiration und nehmen dann durch Ego und Persönlichkeit des Individuums Gestalt an.

Wir alle sind Genies — jeder von uns auf seine eigene, einzigartige Weise. Aber die Natur unserer individuellen Genialität bleibt uns oft verborgen. Sie ist begraben unter unseren Bemühungen, uns einer Realität anzupassen, die uns nicht angemessen ist. Solange wir die Vorstellungen anderer darüber, wie wir unser Leben leben sollten, akzeptieren, werden wir die Stimme unserer höheren Kraft überhören und das Potential unserer Genialität wird ungenutzt bleiben. Nur wenn wir auf unsere innere Stimme hören und uns ihrer Führung anvertrauen, können wir lernen, wir selbst zu sein. Dann kann sich unser natürlicher Kanal öffnen.

ÜBUNG 7

Um ein kreativer Kanal zu werden, müssen Sie das Wagnis eingehen, wirklich Sie selbst zu sein. Das mag Ihnen riskant erscheinen, weil Ihre wahre Natur vielleicht nicht in das Bild paßt, das Sie bislang von sich hatten. Diese Übung kann Ihnen dabei helfen, sich innerlich zu entspannen und einen Blick auf Ihr wahres inneres Wesen zu erhaschen.

Schließen Sie die Augen und atmen Sie ein paarmal tief durch. Bitten Sie Ihre Intuition, Ihnen ein Bild Ihres innersten Wesenskerns zu zeigen. Akzeptieren Sie jedes Bild, das sich daraufhin einstellt. Das Bild kann in menschlicher Gestalt erscheinen, es kann aber auch eine Farbe, ein Gegenstand oder ein Tier sein. In jedem Fall enthält das Bild, wie immer es ausse-hen mag, eine Botschaft für Sie. Wenn Ihnen die Bedeutung des Bildes nicht ersichtlich ist, bitten Sie darum, daß Ihnen die Botschaft erklärt wird. Haben Sie Geduld. Es kann sein, daß die Bedeutung Ihnen sofort klar wird, vielleicht wird Sie Ihnen aber auch erst zu einem späteren Zeitpunkt ent-hüllt. Wenn Sie diese Übung wiederholen, werden Sie später möglicherwei-se andere innere Bilder sehen, und jedes Bild zeigt Ihnen einen Aspekt Ihres Selbst.

Benutzen Sie das folgende freie Feld, um Ihr Bild zu beschreiben, entwe-der mit Worten oder in Form einer Zeichnung.

ÜBUNG 8

Wenn Sie ein kreativer Kanal werden möchten, müssen Sie es riskieren, das zu tun, was Sie wirklich wollen.

Zählen Sie in der 1. Spalte alles auf, was Sie gegenwärtig tun und was Ihnen wirklich Freude macht.

Zählen Sie in der 2. Spalte alles auf, was Sie immer wieder tun, obwohl Sie es nicht tun wollen.

In der 3. Spalte zählen Sie alles auf, was Sie gern tun möchten, aber gegenwärtig nicht tun.

Beispiele:

1. Spalte Was ich gerne tue	2. Spalte Was ich nicht gerne tue	3. Spalte Was ich gerne tun würde
1. Radfahren	Putzen	Reisen
2. Zeit mit meinen Freunden verbringen	Geschäftliche Anrufe erledigen	Gärtnern
3. Tanzen	Mir die Lebensprobleme meiner Schwester anhören	Klavier spielen
4. Kochen	Die Kinder zur Schule fahren	Mehr mit anderen Leuten arbeiten
5. Joggen		

1. Spalte Was ich gerne tue	2. Spalte Was ich nicht gerne tue	3. Spalte Was ich gerne tun würde

1. _____

2. _____

3. _____

4. _____

5. _____

6. _____

7. _____

8. _____

9. _____

10. _____

Denken Sie, wenn Sie mit Ihrer Liste fertig sind, einmal kreativ über das nach, was Sie nicht gerne tun: Gibt es andere Möglichkeiten, diese Dinge zu handhaben? Könnten Sie beispielsweise nicht mehr an andere delegieren, eine Haushaltshilfe einstellen, für jemanden etwas tun, der dann im Gegenzug bereit ist, Ihnen etwas von Ihrer Arbeit abzunehmen? Vielleicht lassen sich die unangenehmen Aufgaben ja auch anders organisieren, so daß Sie Ihnen leichter fallen, oder Sie reservieren eine Stunde pro Tag oder einen Tag pro Woche für Ihre unerfreulichsten Aufgaben und belohnen sich anschließend mit etwas, das Sie wirklich gerne tun. Gibt es möglicherweise Dinge, die Sie ganz aufgeben können? Indem Sie sich kreativ mit der Liste beschäftigen, können Sie neue Ideen für die Gestaltung Ihres Tagesablaufes entwickeln.

Verfahren Sie nun ebenso mit den anderen beiden Listen: Könnten Sie nicht anfangen, mehr Dinge zu tun, die Ihnen Freude machen, insbesondere Dinge, die Sie bislang noch nicht tun? Beginnen Sie mit kleinen Schritten — gönnen Sie sich ein paar Minuten täglich oder ein paar Stunden in der Woche Zeit für etwas, das Sie gerne tun möchten, oder melden Sie sich für einen Kursus an, oder verleben Sie einmal ein ganz besonderes und anderes Wochenende. Schreiben Sie nun einige Ideen und ein paar konkrete Pläne auf:

Geist und Form

Unser Geist ist die kreative Energie des Universums, die sich durch uns in der Welt manifestiert. Unsere Form ist unser physischer Körper, unser Bewußtsein und unsere Persönlichkeit − das Medium, durch das sich unser Geist bewegt. Obwohl Geist und Form in dieser physischen Welt nicht getrennt voneinander existieren können, geraten Sie doch oft miteinander in Konflikt, solange wir nicht gelernt haben, auf unsere Intuition zu hören. Während unser Geist sich nach immer mehr Lebendigkeit, Energie, Wandlung und innerer Erfüllung sehnt, sucht unsere Form Sicherheit und scheut Risiken und Veränderungen.

In unserer Kindheit sind die Kanäle zwischen Geist und Form noch relativ offen, doch wenn wir älter werden und lernen, unsere intuitive Bewußtheit (Geist) zugunsten von konventionellerem Verhalten, das mehr mit der Welt um uns in Einklang steht (Form), zu unterdrücken, werden diese Kanäle blockiert. Wir verlieren den Kontakt zu unserem Geist und vergessen, warum wir hier sind. Die Form gewinnt die Oberhand, doch unser Geist will sich immer noch ausdrücken. Daher fühlen wir uns unzufrieden und nicht im Gleichgewicht.

Obwohl wir uns vielleicht eines gewissen materiellen Erfolges erfreuen, sind wir dennoch nicht glücklich. In dem Bemühen, unser Gleichgewicht wiederzufinden, suchen wir verzweifelt nach Anerkennung − durch noch größere materielle Erfolge, durch oberflächliche Beziehungen zu anderen Menschen − oder wir flüchten uns in Drogen oder Alkohol. Doch da wir den wahren Grund unserer Unzufriedenheit nicht erkennen − die mangelnde Verbindung zu unserem Geist −, schlagen alle unsere Bemühungen fehl. Nach und nach verlieren wir alle Hoffnung.

Doch gerade in dieser Hoffnungslosigkeit liegt unsere größte Hoffnung, denn wenn wir keine Hoffnung mehr haben, geben wir alte Verhaltensweisen auf. An diesem Punkt kann der Kanal zu unserem Geist wieder geöffnet werden, *wenn* wir angeleitet werden, auf die Stimme unseres Geistes, unserer Intuition zu hören. Unser Geist, mit all seiner kreativen Energie und Triebkraft, wartet darauf, die Leere in unserem Leben zu füllen und uns die Zufriedenheit und das innere Gleichgewicht zu schenken, die wir so verzweifelt gesucht haben.

Die folgende Übung hilft, die Distanz und den Grad des Konfliktes zwischen Form und Geist in Ihnen zu enthüllen, und gibt Anregungen, wie Sie Form und Geist wieder in Einklang bringen können.

ÜBUNG 9

Zählen Sie in der ersten Spalte mehrere Fantasien auf, die Sie gegenwärtig haben und die darum kreisen, was Sie gern tun möchten, wie Sie leben oder sich selbst ausdrücken möchten. In der nächsten Spalte notieren Sie, was Ihre Form in diesen Bereichen gegenwärtig tatsächlich tut. Denken Sie sich dann für die dritte Spalte Schritte aus, die Sie jetzt unternehmen können, um auf Ihren Geist zu reagieren und ihm durch Ihre Form Unterstützung zu geben. Für manche von Ihnen kann das bedeuten, einen Schritt hinaus in die Welt zu machen, beispielsweise einem beruflichen Vorbild zu folgen, versuchsweise bei einer Theateraufführung mitzumachen oder mit Affirmationen zu arbeiten. Für andere könnte dieser Schritt darin bestehen, im Bett zu liegen, zu meditieren und zu lernen, wie man mit sich selbst liebevoll und fürsorglich umgeht.

Beispiele:

Geist Wünsche, die ich habe	Form Was ich jetzt mache	Handlung Ein Schritt, den ich tun kann, um meinen Wunsch auszudrücken
1. Einen Roman schreiben	Ich arbeite zur Zeit als Redakteur bei einer Lokalzeitung	Eine Stunde pro Woche spaßeshalber kreativ schreiben
2. In einem schönen, einsamen Haus am Wasser leben	Ich wohne in einer schäbigen Stadtwohnung	Ein Schritt in die richtige Richtung: Mit einem Freund zusammen eine schönere Wohnung mieten
3. Den Menschen die Wichtigkeit des Umweltschutzes klarmachen	Nichts	Mich einer Umweltschutzgruppe anschließen und dafür ein paar Stunden oder ein paar Mark im Monat opfern

Geist Wünsche, die ich habe	Form Was ich jetzt mache	Handlung Ein Schritt, den ich tun kann, um meinen Wunsch auszudrücken

1. _____

2. _____

3. _____

4. _____

5. _____

6. _____

7. _____

8. _____

9. _____

10. _____

Die Welt als unser Spiegel

Wenn wir das metaphysische Konzept verstehen, wonach jeder von uns ›sich seine eigene Realität erschafft‹, kann uns die Außenwelt als gigantischer Spiegel dienen, der deutlich reflektiert, was wir über uns selbst und andere glauben. So betrachtet, kann die Außenwelt uns etwas über Aspekte unserer selbst lehren, die wir nicht unmittelbar wahrnehmen. Unsere inneren Glaubensüberzeugungen spiegeln sich in der Welt um uns. Wenn Sie also wissen wollen, wie Sie sich fühlen und woran Sie glauben, schauen Sie sich um. So wie ein Künstler sein neuestes Werk studiert, um zu erkennen, was gut funktioniert und was nicht, können wir das in Arbeit befindliche Kunstwerk unseres Lebens betrachten, um zu erkennen, wer wir sind und was wir noch lernen müssen.

Wenn man es aus dieser Perspektive betrachtet, wird das Leben zu einem kreativen Unternehmen. Wir können aus den Spiegelbildern unseres Lebens lernen. Wir können diese Informationen dazu nutzen, alte emotionale Wunden zu heilen und Glaubenssätze zu ändern, die uns an einengende, schädliche Verhaltensmuster binden. Wenn wir uns alter Verhaltensmuster bewußt werden und uns von ihnen loslösen, schaffen wir dadurch in unserem Leben automatisch mehr Gleichgewicht, Harmonie, Wohlstand und Erfüllung.

Während ihrer ersten Erfahrungen mit dem Konzept der ›Welt als Spiegel‹ neigen viele Menschen zu Selbstvorwürfen, wenn sich in ihrem Leben etwas spiegelt, was ihnen nicht gefällt. Wenn Sie bemerken, daß Sie auch auf diese Weise reagieren, dann sollten Sie sich klarmachen, daß das Universum uns ein solches Hilfsmittel zur Erleuchtung nicht anbietet, damit wir uns selbst bestrafen. Seien Sie sich selbst gegenüber liebevoll und mitfühlend, so wie Sie sich gegenüber einem Kind verhalten würden, das gerne lernen möchte.

Der wichtigste Schlüssel zur Veränderung der äußeren Welt liegt darin, daß wir erkennen, *wie* sich das, was wir fühlen und glauben, in der Welt um uns widerspiegelt. Wenn wir erst einmal Licht in einen Prozeß gebracht haben, der bisher unbewußt ablief, wird er unser Leben nicht länger ohne unser Wissen bestimmen. Wir werden wieder die Kontrolle über das bekommen, was uns geschieht.

Die Spiegel-Technik

Die folgenden Übungen zum Thema ›Welt als Spiegel‹ sollen Ihnen helfen, unbewußte Glaubenssätze aufzudecken. Gleichzeitig lernen Sie, sich selbst besser zu behandeln. Wenn Sie die Übungen durchgeführt haben, werden sich die von Ihnen vorgenommenen Veränderungen deutlich in Ihrer Umgebung widerspiegeln:

Denken Sie daran, bei der Anwendung der Spiegel-Technik sollten Sie

1. davon ausgehen, daß alles in Ihrem Leben Ihr Spiegelbild ist, Ihre eigene Schöpfung. Alle Ereignisse und scheinbaren Zufälle stehen in Beziehung zu Ihnen; und

2. es vermeiden, sich wegen der Spiegelbilder, die Sie sehen, Selbstvorwürfe zu machen. Nichts ist negativ; jede Spiegelung ist ein Geschenk, daß Ihnen mehr Bewußtheit bringt. Schließlich sind wir hier, um zu lernen. Wenn wir bereits vollkommen wären, gäbe es keinen Grund mehr für unser Hiersein.

ÜBUNG 10

Konzentrieren Sie sich auf ein bestimmtes Vorkommnis in Ihrem Leben, das Ihnen Kopfzerbrechen bereitet. Beschreiben Sie kurz das Problem. Überlegen Sie dann, wie sich darin widerspiegelt, was Sie über sich selbst denken. Notieren Sie die Antworten wie in den Beispielen angegeben.

1. Problem:

Mein Chef kritisiert jede neue Idee, die ich habe. Er scheint ein völliger Gegner von innovativen Ideen zu sein.
Spiegel: Ich zweifle ständig jede neue Idee an, die ich habe. Ich rede mir ein, daß meine Ideen nicht gut genug sind. Ich fürchte mich vor Veränderungen.

2. Problem:

Eine meiner engsten Freundinnen hat gesagt, ich hätte nie Zeit für sie, und sie hätte das Gefühl, sie sei für mich lediglich ein Ärgernis.
Spiegel: Ich habe keine Zeit für mich selbst. Ich habe in letzter Zeit keine Rücksicht auf meine Gefühle und Bedürfnisse genommen.

3. Problem:

Mein Chef ist wütend auf mich, weil ich in dieser Woche mehrfach zu spät gekommen bin.
Spiegel: Es graut mir davor, zur Arbeit zu gehen. Ich bin wütend auf mich, weil ich noch immer einen Job mache, den ich eigentlich hasse.

1. _____

2. _____

3. _____

4. _____

5. _____

6. _____

7. _____

8. _____

9. _____

10. _____

Wenn Sie herausgefunden haben, daß sich in einem äußeren Problem in Wahrheit etwas spiegelt, was in Ihnen abläuft, sollten Sie sich deswegen keine Vorwürfe machen. Bitten Sie statt dessen einfach das Universum um Hilfe, wenn Ihnen klargeworden ist, daß Sie sich selbst etwas antaten, was unerfreuliche Ergebnisse hatte. Sie können zu Ihrer Höheren Kraft sagen: »Verrate mir, was ich über diese Sache wissen muß« oder: »Hilf mir, in diesem Bereich meines Lebens Bewußtheit und Heilung zu erlangen.«

ÜBUNG 11

Oft besteht eine direkte Verbindung zwischen der Art, wie wir uns selbst behandeln und wie andere uns behandeln. Notieren Sie in der ersten Spalte alles, was Sie in der letzten Woche Positives und Aufbauendes für sich getan oder über sich gesagt haben. Zählen Sie dann in der zweiten Spalte auf, welche positiven Erlebnisse aus diesem freundlichen Verhalten sich selbst gegenüber resultierten.

Beispiele:

Was ich für mich selbst tat	Spiegel
Ich schrieb aufbauende Affirmationen; ich nahm ein heißes Bad und meditierte; kaufte mir ein schönes Halstuch; spielte Tennis; bereitete mir ein köstliches und gesundes Abendessen zu; ich bat einen Kollegen, mir bei einem Vorhaben zu helfen; fuhr mit meiner Familie zum Zelten; ging mittags in meinem Lieblingsrestaurant essen; räumte meinen Schreibtisch auf und warf alles weg, was ich nicht mehr brauchte; stellte Blumen auf meinen Schreibtisch	Zwei Leute sagten, daß ich heute gut aussehe; ich fand einen Zehn-Mark-Schein; fühlte mich gesund und energiegeladen; bekam einen Brief von meinen Eltern mit vielen guten Nachrichten; Bill rief an und lud mich zum Essen ein; mein Chef sagte, daß ihm meine Arbeit gefällt; meine Steuerrückzahlung fiel höher aus, als erwartet; ich wurde als Redner zu einer Konferenz in Florida eingeladen

Was ich für mich selbst tat   Spiegel

1. _____

2. _____

3. _____

4. _____

5. _____

6. _____

7. _____

8. _____

9. _____

10. _____

ÜBUNG 12

Denken Sie über die verschiedenen Bereiche Ihres Lebens nach — Arbeit und Karriere, Beziehungen, Geld, Sexualität und Leidenschaft, Körper, häusliche Umgebung. In welchen bedeutsamen Ereignissen oder Aussagen spiegelt sich in jedem einzelnen dieser Bereiche Ihre geistige Einstellung? Tragen Sie das in die mit ›Spiegel‹ überschriebene Spalte ein. Beschreiben Sie dann in der Spalte ›Glaubenssatz‹, wie sich darin Ihre inneren Glaubenssätze spiegeln. Wenn Sie dabei auf einen einschränkenden oder negativen Glaubenssatz stoßen, wandeln Sie ihn in eine Affirmation (Bejahung) um. Schreiben Sie die Affirmation unter den negativen Glaubenssatz.

Beispiele:

Spiegel	Glaubenssatz
Arbeit und Karriere	
1. Ich habe einen wunderbaren Beruf, der mir Spaß macht, aber ich verdiene nur sehr wenig Geld.	Ich glaube nicht, daß ich Geld verdienen kann, wenn ich einfach nur tue, was mir Spaß macht.
	Affirmation: Ich tue, was mir Spaß macht, und verdiene dabei genug Geld.
2. Mein Arbeitgeber hat mir gekündigt, und ich weiß nicht, was ich jetzt tun soll.	Ich war nicht mehr zufrieden mit meiner Tätigkeit und wollte kündigen, aber ich fürchtete mich vor der damit verbundenen Unsicherheit.
	Affirmation: Ich werde Schritt für Schritt zu einer Tätigkeit hingeführt, die genau richtig für mich ist.

Spiegel	Glaubenssatz

1. _____

2. _____

3. _____

4. _____

5. _____

6. _____

7. _____

8. _____

9. _____

10. _____

Beispiele:

Spiegel	Glaubenssatz

Beziehungen

1. Ich fühle mich stets zu Frauen hingezogen, die sich dann als übermäßig gefühlsbetont und anspruchsvoll entpuppen.

Ich fürchte mich vor meinen eigenen Gefühlen und Bedürfnissen. Es wäre mir unangenehm, meine eigene Verletzlichkeit zu zeigen. Deshalb unterdrücke ich sie, und die Frauen in meinem Leben agieren sie an meiner Stelle aus.

Affirmation: Es ist ganz in Ordnung, daß ich Gefühle und Bedürfnisse habe. Wenn ich meine Verletzlichkeit zugebe, werde ich dadurch stärker. Ich kann meine Stärke und meine Verletzlichkeit mit einer starken und verletzlichen Partnerin teilen.

2. Ich wünsche mir eine dauerhafte Beziehung, doch offenbar finde ich niemanden, der bereit ist, sich auf eine solche Beziehung einzulassen.

Ich habe Angst davor, mich wirklich auf eine Partnerschaft einzulassen. Ich versuche immer krampfhaft, die andere Person zufriedenzustellen, und vernachlässige dabei meine eigenen Bedürfnisse.

Affirmation: Ich bin bereit, mich auf eine offene und ehrliche Partnerschaft einzulassen. Ich respektiere meine eigenen Bedürfnisse. Ich ziehe jetzt einen wunderbaren Partner an, der genau richtig für mich ist.

Spiegel	Glaubenssatz

1. _____

2. _____

3. _____

4. _____

5. _____

6. _____

7. _____

8. _____

9. _____

10. _____

Beispiele:

Spiegel	Glaubenssatz

Geld

1. Mein Geld reicht immer nur gerade für meinen Lebensunterhalt. Nie habe ich genug, um mir einmal etwas Schönes leisten zu können.

Meine Eltern hatten auch immer nur gerade genug zum Leben. Ich fühle mich schuldig, wenn ich mehr Geld als nötig habe.

Affirmation: Es ist in Ordnung, wenn ich mehr Geld als meine Eltern habe. Es ist gut, wenn ich genug Geld habe, um es für schöne Dinge auszugeben. Ich verdiene es, ein schönes Leben zu haben. Ich verfüge jetzt über genug Geld, um das Leben zu genießen.

2. Geld verdienen ist nicht leicht.

Ich muß immer hart arbeiten und mich mächtig anstrengen, um meinen Lebensunterhalt zu verdienen. Das Leben ist ein ewiger Kampf.

Affirmation: Das Leben ist befriedigend und voller Freude. Ich verdiene mein Geld mit Leichtigkeit, indem ich Dinge tue, die mir Freude machen.

Spiegel	Glaubenssatz

1. _____

2. _____

3. _____

4. _____

5. _____

6. _____

7. _____

8. _____

9. _____

10. _____

Beispiele:

Spiegel	Glaubenssatz

Sexualität und Leidenschaft

1. Ich liebe meine Frau, aber ich habe in letzter Zeit beim Sex wenig Energie. Unsere sexuelle Beziehung erscheint mir langweilig und erkaltet.

Ich fürchte mich, viele von meinen Gefühlen auszudrücken, besonders meine Wut und meine Angst, weil ich befürchte, daß meine Frau mich dann ablehnt oder gar verläßt. Ich friere einen großen Teil meiner Gefühle ein, und das spiegelt sich in meiner Sexualität wider.

Affirmation: Es ist wichtig, daß ich meine Gefühle ausdrücke. Je mehr ich meine Gefühle ausdrükke, desto mehr werde ich geliebt. Ich drücke meine Gefühle jetzt frei und verantwortungsbewußt aus.

2. Ich habe nur leidenschaftliche Gefühle gegenüber Männern, die diese Gefühle nicht erwidern. Die anderen langweilen mich.

Mein Vater lehnte mich ab. Mit einem Mann, der *mich* begehrt, kann etwas nicht stimmen. Mit mir stimmt etwas nicht.

Affirmation: Ich bin jetzt bereit, leidenschaftlich auf Männer zu reagieren, die mich begehren. Ich bin begehrenswert. Ich verdiene es, geliebt zu werden. Es ist völlig in Ordnung, daß Männer mich attraktiv finden. Ich ziehe jetzt wunderbare, liebevolle, erotische Männer in mein Leben, die mich begehrenswert finden.

Spiegel	Glaubenssatz

1. _____

2. _____

3. _____

4. _____

5. _____

6. _____

7. _____

8. _____

9. _____

10. _____

Beispiele:

Spiegel	Glaubenssatz

Körper

1. Ich bin übergewichtig, und egal, welche Diät ich versuche, ich nehme immer wieder zu.

Ich glaube, daß ich nicht das Recht habe, Raum einzunehmen. Es fällt mir schwer, mich zu behaupten und meine Wünsche geltend zu machen. Ich bin gegenüber den Menschen, die ich liebe, zu nachgiebig. Mein Körper reagiert darauf, indem er den zusätzlichen ›Raum‹ ausfüllt, den ich mir emotional nicht zugestehe.

Affirmation: Ich habe das Recht, Raum zu beanspruchen. Ich äußere meine Wünsche. Es ist in Ordnung, gegenüber anderen Menschen ›nein‹ zu sagen, wenn ich das möchte. Ich sorge für mich und vertraue darauf, daß andere für sich sorgen. Ich bin ein starker, positiver, gesunder, schlanker Mensch.

2. Ich bin oft müde und habe zahlreiche kleinere körperliche Beschwerden.

Ich glaube, daß mein Wert davon abhängt, wieviel ich arbeite. Deshalb treibe ich mich ständig an und arbeite, so viel ich kann. Wenn ich mich ausruhe und entspanne, habe ich ein schlechtes Gewissen.

Spiegel	Glaubenssatz

Affirmation: Ich verdiene es, daß ich mir Ruhe, Entspannung und andere Annehmlichkeiten gönne. Mein Körper verdient es, daß ich ihn liebevoll und fürsorglich behandele. Auch wenn ich nichts tue, bin ich wertvoll und liebenswert.

1. _____

2. _____

3. _____

4. _____

5. _____

6. _____

7. _____

8. _____

9. _____

Beispiele:

Spiegel	Glaubenssatz

Häusliche Umgebung

1. Meine Wohnung ist zu klein und eng. Ich fühle mich wie eingesperrt, wenn ich dort bin.

Ich fürchte mich zuzugeben, wie expansiv und stark ich in Wahrheit bin und wie groß meine Visionen sind.

Affirmation: Ich bin stark, kreativ und unbegrenzt. Ich erschaffe jetzt ein geräumiges, schönes Zuhause für mich.

2. Ich möchte umziehen, aber ich finde keine Wohnung, die ich mir leisten kann.

Ich glaube nicht, daß es für mich eine schöne Wohnung gibt, die meinen finanziellen Möglichkeiten entspricht.

Affirmation: Ich lebe jetzt in einer wunderschönen Wohnung, die ich mir ganz problemlos leisten kann.

Spiegel	Glaubenssatz

1. _____

2. _____

3. _____

4. _____

5. _____

6. _____

7. _____

8. _____

9. _____

10. _____

Hinweis: Wie Sie den Beispielen entnehmen können, sind unsere zentralen negativen Glaubenssätze häufig mit hoch emotionalen Problemen verknüpft. Diese Glaubenssätze und Probleme zu identifizieren und dann passende Affirmationen anzuwenden kann sehr hilfreich sein. Es ist jedoch *kein* Ersatz für eine gute, professionelle Therapie. Ich empfehle Ihnen, die Hilfe eines guten Therapeuten in Anspruch zu nehmen, der Erfahrung mit der speziellen Problematik hat, die Ihnen zu schaffen macht.

Innerer Mann und innere Frau

In jedem von uns gibt es männliche und weibliche Energien. Unsere weibliche Energie ist das intuitive Selbst – unser tiefer, weiser, uns leitender Aspekt. Feminine Energie ist rezeptiv. Sie bildet den Kanal, durch den unser Höheres Selbst Kontakt mit uns aufnimmt. Unser weiblicher Teil spricht zu uns durch Eingebungen, Gefühle oder Bilder, die tief aus unserem Inneren aufsteigen. Wenn wir nicht auf die Stimme unserer Intuition hören, wird die weibliche Energie in uns sich oft durch Träume, Emotionen oder körperliche Symptome bemerkbar machen.

Unser männlicher Aspekt ist in der äußeren Welt aktiv. Er befähigt uns zu *handeln* – zu sprechen, unseren Körper zu bewegen, Dinge zu gestalten. Wo das Weibliche in uns rezeptiv ist, sind unsere männlichen Energien nach außen gewandt und bestrebt, sich zu behaupten und auszudrücken. Der Mann in uns ist es, der Ideen Gestalt annehmen läßt, Gedanken in Form umwandelt.

Weibliche Intuition plus männliches Handeln ergeben Kreativität. Das weibliche Element ist die Quelle der kreativen Inspiration, und das männliche Element verwirklicht diese Inspirationen. Das Zusammenspiel dieser Energien in uns ermöglicht es der kreativen Energie des Universums, durch uns in der Welt zu wirken. Je besser wir also auf jeden dieser beiden Aspekte eingestimmt sind, desto leichter fällt es uns, die Stimme unserer Intuition wahrzunehmen und demgemäß zu handeln. In den folgenden Übungen werden Sie Ihre innere Frau und Ihren inneren Mann kennenlernen. Sie werden Ihnen dabei helfen, sich über Ihre Ziele und Wunschträume klarzuwerden und diese Wunschträume Wirklichkeit werden zu lassen.

Vertrauen Sie bei der nun folgenden Meditation den Bildern und Gefühlen, die sich einstellen werden, wenn Sie darum bitten, Ihren inneren Mann und Ihre innere Frau zu sehen. Sie können sie in Gestalt von Ihnen bekannten Personen sehen, als archetypische oder Fantasiegestalten oder als Tiere. Akzeptieren Sie alle Eindrücke, die sich einstellen. Wenn Sie die Meditation mehrfach durchführen, kann es sein, daß Sie jedesmal etwas anderes sehen.

ÜBUNG 13 – Meditation

Setzen oder legen Sie sich bequem hin und schließen Sie die Augen. Atmen Sie mehrfach tief durch und erlauben Sie es Ihrem Körper und Ihrem Geist, sich völlig zu entspannen. Richten Sie Ihre Aufmerksamkeit dann allmählich auf einen stillen Ort in Ihnen.

Visualisieren Sie jetzt ein Bild, das Ihre innere Frau symbolisiert. Dieses Bild kann eine reale oder erfundene Person sein, ein Tier oder eine abstrakte Form oder Farbe. Wie immer dieses sich spontan einstellende Bild aussehen mag, akzeptieren Sie es.

Betrachten Sie Ihr weibliches Bild genau und versuchen Sie zu erspüren, was es für Sie repräsentiert. Achten Sie auf die Details des Bildes, auf seine Farben und Strukturen und auf die Gefühle, die es in Ihnen hervorruft.

Wenn zwischen Ihnen und Ihrem weiblichen Bild eine gewisse Vertrautheit entstanden ist, fragen Sie sie, ob sie Ihnen jetzt in diesem Augenblick etwas mitteilen möchte. Seien Sie dann offen für die Antwort, ganz gleich, ob Sie sich in Form von Worten, Gefühlen oder Bildern einstellt. Wenn Sie Fragen haben, stellen Sie sie. Seien Sie auch dann wieder offen für jede Art Antwort.

Wenn Sie das Gefühl haben, daß es an der Zeit ist, die Begegnung einstweilen zu beenden, atmen Sie tief durch und lassen Sie Ihr Bild los. Kehren Sie zu einem ruhigen, stillen Ort zurück.

Lassen Sie jetzt in Ihnen ein Bild Ihres männlichen Selbst entstehen. Akzeptieren Sie auch hier jedes sich einstellende Bild. Es kann sein, daß Sie einen Mann sehen, einen Jungen, ein Tier oder irgendein abstraktes Symbol. Betrachten Sie auch dieses Bild sorgfältig. Achten Sie auf alle Einzelheiten, alle Farben und Strukturen. Werden Sie sich Ihrer Gefühle gegenüber diesem inneren Mann bewußt, und fragen Sie ihn dann, ob er Ihnen etwas zu sagen hat. Seien Sie offen für alles, was er Ihnen mitteilen möchte. Wenn Sie ihn etwas fragen möchten, tun Sie das jetzt. Akzeptieren Sie das, was er Ihnen mit Worten, Gefühlen oder Bildern antwortet. Wenn Sie nicht sofort eine Antwort erhalten, vertrauen Sie darauf, daß sie später auf jeden Fall kommen wird.

Wenn Sie das Gefühl haben, daß Sie die Kommunikation für dieses Mal beenden möchten, lassen Sie das Bild Ihres inneren Mannes los und kehren zu einem stillen Ort in Ihnen zurück.

Bitten Sie nun darum, daß Ihr Mann und Ihre Frau gleichzeitig erscheinen. Beobachten Sie die beiden. Stehen Sie zueinander in Beziehung, oder sind sie getrennt? Wenn sie zueinander in Beziehung stehen, wie sieht diese Beziehung aus? Fragen Sie sie, ob es etwas gibt, was sie einander sagen möchten. Seien Sie dann offen für die Worte, Bilder oder Gefühle, die sich daraufhin einstellen. Wenn Sie die beiden etwas fragen oder ihnen etwas sagen möchten, tun Sie das jetzt.

Wenn für den Augenblick alles gesagt ist, atmen Sie erneut tief durch und entlassen die Bilder dann aus Ihrem Bewußtsein. Kehren Sie zu einem ruhigen, stillen Ort in Ihnen zurück, bevor Sie die Übung beenden. Atmen Sie ein paarmal tief durch. Wenn Sie dann die Augen öffnen, werden Sie sich erfrischt und belebt fühlen. Fertigen Sie mit Malkreide, Farbe oder Buntstiften ein Bild Ihres inneren Mannes und Ihrer inneren Frau an und/oder schreiben Sie auf, welche Erfahrungen Sie soeben mit den beiden gemacht haben.

ÜBUNG 14 – Meditation

Diese Meditation zeigt uns, welche Kraft darin liegt, einen männlichen Aspekt in uns zu haben, der unseren weiblichen Teil unterstützt.

Schließen Sie die Augen und nehmen Sie Verbindung zu Ihrer intuitiven weiblichen Stimme auf.

Fragen Sie sie, ob sie sich etwas wünscht. Gibt es etwas, das sie gerne haben möchte, oder möchte sie etwas sagen oder tun? Wenn sie Ihnen gesagt hat, was sie möchte, visualisieren Sie, wie Ihr neuer innerer Mann ihr hilft und die notwendigen Schritte unternimmt, um ihren Wunsch zu verwirklichen.

Werden Sie sich bewußt, welche Gefühle das in Ihnen auslöst.

ÜBUNG 15

Notieren Sie in der ersten Spalte alles, was Sie (Ihr weiblicher Teil) sich wünschen. Schreiben Sie dann in der zweiten Spalte auf, was Sie (Ihr männlicher Teil) tun können, um sich (Ihrem weiblichen Teil) diese Wünsche zu erfüllen.

Bei dieser Übung ist es wichtig, nicht zu viel auf einmal aufzuschreiben, sonst bekommen die vielen Wünsche etwas Erdrückendes. Beschränken Sie sich, wenn Sie die Übung machen, immer auf ein oder zwei Wünsche. So können Sie das Vertrauen zwischen Ihrem männlichen und weiblichen Teil allmählich aufbauen. (Auf den folgenden Seiten ist Platz genug, so daß Sie nach und nach mehr Wünsche hinzufügen können, wenn Sie das möchten.)

Beispiele:

Weiblicher Aspekt (Was Sie sich wünschen)	Männlicher Aspekt (Was Sie tun können, um Ihre Wünsche zu verwirklichen)
1. Mehr Ruhe	Leise Musik auflegen und mich zehn Minuten hinlegen.
2. Bilder malen	Farben und Leinwand kaufen und wenigstens eine Stunde pro Woche malen.

Weiblicher Aspekt	Männlicher Aspekt
(Was Sie sich wünschen)	(Was Sie tun können, um Ihre Wünsche zu verwirklichen)

3. Mich gesünder ernähren

Im Reformhaus oder Bioladen gesundes, appetitliches Obst, Gemüse und Getreide einkaufen. Ein Vollwertkochbuch besorgen und eine einfache, optisch ansprechende und nahrhafte Mahlzeit zubereiten.

4. Wieder ins Berufsleben zurückkehren

Drei Leute anrufen, die mir Informationen geben oder bei der Jobsuche helfen können.

5. Reisen und Abenteuer erleben — fremde Länder kennenlernen

Mir Poster und Reiseprospekte von aufregenden Orten besorgen. Sie bei mir zuhause aufhängen und mir vorstellen, daß ich dorthin reise.

1. _____

2. _____

3. _____

4. _____

5. _____

6. _____

7. _____

8. _____

9. _____

10. _____

Tyrann und Rebell

Der Tyrann ist jene Stimme in uns, die uns ständig sagt, was wir tun ›sollten‹. Vielleicht hören Sie Ihren Tyrannen als die Stimme eines despotischen Elternteiles, eines strengen Lehrers oder irgendeiner anderen Autoritätsperson, die früher starken Eindruck auf Sie gemacht hat. Der Tyrann möchte immer die Kontrolle haben. Er ist jener Teil in uns, der starr ist und Konformität verlangt, die sich nach engen, exakt definierten Regeln zu richten hat. Kurz gesagt, der Tyrann ist anspruchsvoll, kritisch und unnachgiebig.

Wir haben unseren Tyrann nicht aus Masochismus entwickelt. Sein ursprünglicher Zweck war, uns vor äußeren Tyrannen zu schützen. Indem wir uns selbst disziplinierten, ersparten wir uns Kritik und Zurückweisung durch äußere Autoritätspersonen.

Unser Rebell entstand als Reaktion auf unseren inneren Tyrannen und andere Autoritätspersonen. Er ist jener Teil in uns, der ›nein‹ sagt zu den Forderungen von Eltern, Lehrern und anderen Autoritäten. Wenn diese rebellische Stimme in uns nicht ›nein‹ sagte, würden wir uns im Bemühen, die unnachgiebigen Erwartungen innerer und äußerer Tyrannen zu erfüllen, selbst zugrunde richten.

Doch leider entwickelte sich der Rebell weiter und fing an, ›nein‹ zu allem zu sagen, was irgendwie einem ›sollte‹ oder einer Forderung ähnelt. Das kann dazu führen, daß Ihr Rebell ein Ziel, das Sie sich gesteckt haben und das mit entsprechenden Anforderungen verbunden ist, unmittelbar oder passiv zu sabotieren versucht.

Der Rebell weigert sich einfach, irgend etwas zu tun, was andere ihm sagen. Er kann wütend, unkooperativ, passiv und unnachgiebig sein.

Der Tyrann fordert Ihre volle Aufmerksamkeit und Kooperation. Wenn Sie versuchen, seine Forderungen zu ignorieren oder zurückzuweisen (was Ihr Rebell oft tut), wird der Tyrann frustriert und versucht, sich um so lauter und fordernder Gehör zu verschaffen. Je lauter Ihr Tyrann wird, desto hartnäckiger leistet Ihr Rebell Widerstand. Während dieser Kampf zwischen Tyrann und Rebell in Ihnen eskaliert, treten Sie auf der Stelle. Ihre Energie ist blockiert, wenn zwei Teile Ihrer Persönlichkeit gegeneinander kämpfen. Schlimmer noch, der Lärm dieser beiden streitenden Stimmen kann sogar Ihre wahre intuitive Stimme völlig übertönen.

Wenn das geschieht, machen Sie sich am besten klar, daß Sie sich in einer Situation befinden, in der keine der beiden Seiten gewinnen kann. Beobachten Sie dann einfach Ihren inneren Konflikt. Wenn Sie die Natur Ihrer tyrannischen und rebellischen Energien besser verstehen, werden diese nicht mehr so viel Macht über Sie haben. Versuchen Sie dann, Ihre Energie von diesen Stimmen abzuziehen und Verbindung mit Ihrer inneren Frau aufzunehmen. Bitten Sie sie um Führung. Das wird Ihre energetische Blockierung auflösen, denn die wahre Quelle von Energie und Kraft öffnet sich Ihnen, wenn Sie auf Ihre Intuition hören, ihren Rat annehmen und dementsprechend handeln.

ÜBUNG 16

Notieren Sie in der ersten Spalte einige Vorschriften und Forderungen Ihres Tyrannen. Schreiben Sie dann in der zweiten Spalte auf, wie Ihr Rebell jeweils darauf reagiert.

Beispiele:

Tyrann	Rebell
1. Du mußt immer arbeiten, um Erfolg zu haben. Arbeite, arbeite, arbeite. Du bist faul! Steh auf und tu etwas!	Das ist eine Lüge. Ich brauche nicht auf dich zu hören, du Sklaventreiber. Kreative Genies brauchen Entspannung am Strand (an der Bar, etc.). Ich habe überhaupt keine Lust, irgend etwas zu tun!
2. Wann wirst du endlich aufhören, dich von einer Affäre in die nächste zu stürzen? Werde endlich erwachsen und heirate, wie es sich für einen anständigen Menschen gehört.	Sei endlich still. Du klingst genau wie meine Mutter. Ich kann mit meinem Körper machen, was ich will. Wer braucht denn schon eine feste Partnerschaft? Ich jedenfalls nicht.
3. Hör auf, dieses ganze Essen in dich hineinzustopfen. Du bist fett. Niemand mag dich so, wie du jetzt bist. Am besten, du fängst gleich mit einer Diät an.	Es ist mir gleich, was du oder sonst irgend jemand denkt. Ich mache, was ich will. Ich esse, so viel ich will.

Tyrann   Rebell

1. _____

2. _____

3. _____

4. _____

5. _____

6. _____

7. _____

8. _____

9. _____

10. _____

ÜBUNG 17

Schließen Sie die Augen und lassen Sie zu, daß vor Ihrem geistigen Auge
Bilder Ihres Tyrannen und Ihres Rebellen entstehen. Wenn Sie kein klares
Bild empfangen, versuchen Sie statt dessen, die Natur der beiden zu fühlen.
Hören Sie dann, was sie Ihnen zu sagen haben.

Geben Sie nun eine schriftliche, ausführliche Beschreibung Ihres Tyrannen und Ihres Rebellen. Sie können ihnen Namen geben und sie miteinander reden lassen. Wenn Sie möchten, können Sie auch mit Buntstiften ein
Bild von ihnen malen.

Beispiel:

Meine Tyrannin ist eine riesige Frau. Sie trägt einen schwarzen Minirock
und Stiefel. Sie hat eine Peitsche. Ständig erteilt sie Befehle oder stellt irgendwelche Forderungen, und sie erwartet, daß man ihr gehorcht. Sie heißt
Bertha.

Meine Rebellin liegt am Strand, raucht und ißt den ganzen Tag Schokola-
de. Sie heißt Billie. Sie betrachtet immer nur das Meer und lebt völlig gleich-
gültig in den Tag hinein.

Billie will nicht hören, was Bertha sagt, also ignoriert sie sie einfach. Das
kann Bertha nicht ertragen und wird deshalb noch größer, lauter und wü-
tender. Dann macht Billie ihr eine lange Nase. Und so geht das immer
weiter.

Ein weiteres Beispiel:

Mein Tyrann ist mein Vater. Er ist sehr rational und erklärt mir sehr über-
zeugend, wie man sein Leben auf die ›richtige‹ Art lebt und wie wichtig es
ist, daß man es beruflich und finanziell zu etwas bringt. Er beharrt darauf,
daß ich wieder an die Universität gehen und endlich meinen Abschluß
machen soll, um mehr beruflichen Erfolg zu haben.

Mein Rebell trägt eine schwarze Lederjacke und hat überhaupt kein In-
teresse an Ausbildung oder Karriere. Er will einfach nur Motorrad fahren,
den Frauen nachstellen und alles tun, was Spaß macht. Er ignoriert den
Vater einfach.

Schließen Sie nun, nachdem Sie die Beziehung zwischen Ihrem Tyrannen und Ihrem Rebellen beschrieben haben, die Augen und visualisieren Sie, wie die beiden sich gegenseitig blockieren. Wenn Sie dieses Bild deutlich sehen, lösen Sie sich von den beiden, und lassen Sie ein Bild oder eine Empfindung Ihres Höheren Selbst oder Ihres Intuitiven Wissens erscheinen. Hören Sie, was dieser Teil Ihrer Persönlichkeit Ihnen zu sagen hat. Schreiben Sie es dann auf.

Beispiel:

Wenn ich mich von meinem Tyrannen und meinem Rebellen entferne, sehe ich das Bild eines weisen, alten Mannes in einem Mönchsgewand. Er sitzt inmitten einer wunderschönen Wiese auf einem Stein. Er sagt mir, daß er immer schon bei mir war und daß er auch weiterhin immer hiersein wird, wenn ich zu ihm kommen möchte. Er sagt, daß Tyrann und Rebell beides Aspekte von mir sind, doch keiner von beiden ist mein wahres Wesen. Er kann mir helfen, mein Selbstgefühl zu vertiefen und zu erweitern.

Opfer und Retter

Zwei weitere gegensätzliche Energien, die viele Menschen in sich tragen, sind Opfer und Retter. Obgleich jede Person potentiell beide Energien beinhaltet, identifizieren sich die meisten Menschen stärker mit nur einer der beiden, die sie dann in ihrem Leben ausagieren.

Opfer halten sich für hilflos. Sie glauben, keine Kontrolle über das zu haben, was in ihrem Leben geschieht. Das Opfer in uns möchte keine Verantwortung übernehmen und steht deshalb dem Leben passiv gegenüber. Das Opfer hat erkannt, daß ihm keine Verantwortung aufgebürdet wird, wenn es eine hilflose Haltung einnimmt und sich in jeder Situation stets passiv verhält. Wenn etwas Unerfreuliches geschieht, kann unser Opfer anderen Menschen oder äußeren Umständen die Schuld dafür geben, wie wir uns fühlen.

Retter glauben, daß andere ihre Hilfe ›brauchen‹. Unser Retter leidet an einem klassischen Identitätsproblem. Er ist jener Teil von uns, der glaubt, unsere Identität beruhe ausschließlich auf unserer Beziehung zu anderen Menschen. Unser Retter hat das Gefühl, daß wir nur dann etwas wert sind, wenn jemand uns braucht. Tatsächlich klammert sich der Retter an diese Vorstellung, weil er auf diese Weise vermeiden möchte, sich selbst zu helfen. So verbringen wir unsere Zeit damit, anderen zu helfen, statt herauszufinden, wie wir uns selbst fühlen und welche Bedürfnisse wir haben.

Opfer und Retter verwandeln sich, wenn wir bereit sind, nach innen zu schauen und uns um unsere eigene Heilung zu bemühen, statt nach außen zu blicken, um andere zu heilen (Retter) oder geheilt zu werden (Opfer).

ÜBUNG 18

A. Nennen Sie in der ersten Spalte, wo Sie sich gegenwärtig als Opfer fühlen. Beschreiben Sie in der zweiten Spalte, als Opfer welcher Situation, Person oder Institution Sie sich sehen. Nehmen Sie sich die Zeit, sorgfältig über Ihre eigenen Handlungen nachzudenken, wenn Sie diese Beziehungen beschreiben, und achten Sie dabei auf Ihre Gefühle.

Ziehen Sie dann Ihre Aufmerksamkeit von dem ab, als dessen Opfer Sie sich fühlen, und konzentrieren Sie sich wieder auf sich selbst. Bitten Sie das Universum, Ihnen Ihre Kraftquelle zu enthüllen und das Opfer in Ihnen zu heilen. Fragen Sie auch, durch welche Handlungen Sie die Macht über die jeweilige Situation zurückgewinnen können. Haben Sie Geduld. Wenn Sie auch vielleicht nicht sofort eine Antwort erhalten, sie wird auf jeden Fall kommen, mag es auch ein paar Stunden oder Tage dauern. Wenn Sie dann Ihren Rat empfangen, schreiben Sie ihn in der dritten Spalte auf.

Wo Sie sich als Opfer fühlen	Wer oder was ist dafür verantwortlich?	Was Sie dagegen tun können
1. Ich hasse meine Arbeit, aber ich sitze in der Falle: Ich kann nicht kündigen, weil ich das Geld brauche.	Die Gesellschaft, Geldnöte, mein Arbeitgeber.	Ich kann zu einem Berufsberater gehen und mich über berufliche Alternativen informieren.
2. Mein/e Partner/in weigert sich, mit mir über seine oder ihre Gefühle zu reden. Ich fühle mich ausgeschlossen, allein, ängstlich.	Mein/e Partner/in, die unklaren weiblichen und männlichen Rollenvorstellungen in unserer Gesellschaft.	Ich kann mit einem guten Freund über meine Probleme reden. Ich kann lernen, mehr von meinen eigenen emotionalen Bedürfnissen zu erfüllen. Ich kann meine/n Partner/in bitten, mit mir zu einer Eheberatung zu gehen.
3. Ich fühle mich deprimiert und voller Angst. Ich sehe keinen Sinn in meinem Leben.	Das Leben, die Welt.	Ich kann andere um Hilfe bitten. Ich kann zu einem Therapeuten gehen, denn vielleicht hilft es mir, wenn ich über diese Probleme spreche.

Wo Sie sich als Opfer fühlen	Wer oder was ist dafür verantwortlich?	Was Sie dagegen tun können
4. Ich trinke zu viel (oder nehme Drogen), wenn ich mit meinen Problemen nicht klarkomme. Ohne das auszukommen, schaffe ich einfach nicht.	Der Alkohol, Drogen, das Leben.	Ich kann zu den Anonymen Alkoholikern oder einer anderen Selbsthilfeorganisation gehen und dort lernen, ohne Alkohol/Drogen zu leben.

1. _____

2. _____

3. _____

4. _____

5. _____

6. _____

7. _____

8. _____

B. Schreiben Sie nun auf, wo Sie als Retter auftreten. Beschreiben Sie in der ersten Spalte, *wie* Sie sich als Retter betätigen; in der zweiten Spalte notieren Sie, *wen* Sie retten. Nehmen Sie sich auch hier wieder die Zeit, genau über Ihr Verhalten nachzudenken, während Sie die Liste erstellen.

Betrachten Sie nun jede Situation losgelöst von ihrem Umfeld. Schließen Sie die Augen und wenden Sie Ihre Aufmerksamkeit von der Person/den Personen ab, die Sie zu retten versuchen. Fragen Sie sich, ob es in Ihnen einen Teil gibt, der sich hilflos fühlt. Bitten Sie das Universum, Ihnen bei der Beantwortung dieser Frage zu helfen, Ihnen den Teil zu zeigen, der unbefriedigte Bedürfnisse hat. Nur wenn Sie Ihre eigenen Bedürfnisse erkennen und akzeptieren, werden Sie in der Lage sein, sich selbst und andere zu heilen.

Fragen Sie sich dann, ob es etwas gibt, daß Sie für sich selbst tun können. Wenn Sie eine Antwort erhalten, notieren Sie sie in der dritten Spalte.

Beispiele:

Wie ich rette	Wen oder was ich rette	Was ich für mich selbst tun kann
1. Ich fühle mich für die Gefühle meiner Arbeitskollegen verantwortlich. Ich möchte, daß immer Frieden ist.	Menschen, chaotische Situationen.	Ich kann mich fragen, was ich fühle, und was ich brauche. Ich kann lernen, auf meine eigenen Bedürfnisse zu achten, damit in mir selbst Frieden ist.

Wie ich rette	Wen oder was ich rette	Was ich für mich selbst tun kann
2. Mein Bruder gerät ständig in finanzielle Schwierigkeiten. Ich helfe ihm dann immer wieder aus der Patsche, weil er unfähig scheint, sein Leben in den Griff zu bekommen.	Meinen Bruder.	Ich kann meiner Hilfsbereitschaft meinem Bruder gegenüber klare Grenzen setzen und ihm deutlich sagen, daß er keine finanzielle Hilfe mehr von mir zu erwarten hat. Ich kann mich um *meine* Bedürfnisse kümmern und darauf vertrauen, daß er erwachsen wird und Selbstverantwortung lernt.
3. Mein Mann trinkt zu viel. Ich versuche, alle seine Bedürfnisse zu erfüllen, damit er keinen Grund mehr hat, zu trinken. Doch es scheint, daß ich sein Verhalten nicht verändern kann.	Meinen Mann.	Ich muß erkennen, daß ich nicht verantwortlich für das Leben meines Mannes bin, wenn ich ihn auch noch so liebe. Ich muß mich auf meinen eigenen Heilungsprozeß konzentrieren. Ich kann Bücher über Mitabhängigkeit lesen und mich einer Alanon-Gruppe anschließen.

Wie ich rette	Wen oder was ich rette	Was ich für mich selbst tun kann

1. _____

2. _____

3. _____

4. _____

5. _____

6. _____

7. _____

8. _____

9. _____

10. _____

ÜBUNG 19

Identifizieren Sie sich stärker mit der Rolle des Opfers oder mit der des Retters? Denken Sie über Ihre Kindheit nach und versuchen Sie sich zu erinnern, ob Sie damals Retter oder Opfer spielten, oder beides. Spielten andere Familienmitglieder die Rolle des Opfers oder des Retters? Haben Sie von ihnen gelernt? Bestärkten positive oder negative Reaktionen anderer Sie darin, Opfer oder Retter zu sein?

Schreiben Sie auf der folgenden Leerseite alle Gedanken auf, die Ihnen bei der Beschäftigung mit diesen Fragen in den Sinn kommen. Vielleicht möchten Sie auch ein paar Erinnerungen aus Ihrer Kindheit mit Buntstiften malen. Schreiben Sie alle Gedanken und Erinnerungen auf, die durch diese Fragen ausgelöst werden.

Gefühle

Viele von uns haben nicht gelernt, wie man Gefühle erlebt oder ausdrückt. Bis vor kurzem haben unsere Familien und unsere Gesellschaft Gefühlen und ihrem Ausdruck nicht viel Wert beigemessen. Daher achten wir oft nicht auf unsere Gefühle. Die Energie dieser nicht gefühlten, nicht ausgedrückten Gefühle staut sich in unserem Körper und kann dort emotionales und physisches Unwohlsein und schließlich sogar Krankheiten verursachen.

Viele Menschen fürchten sich davor, ihre sogenannten ›negativen‹ Emotionen zu erfahren — Traurigkeit, Schmerz, Wut, Furcht oder Verzweiflung. Sie haben Angst, daß sie von diesen Emotionen überwältigt werden könnten, wenn sie sich ihnen öffnen. Oder sie fürchten, daß sie für immer in diesen negativen Gefühlen gefangen bleiben.

Doch genau das Gegenteil trifft zu: Wenn man bereit ist, ein bestimmtes Gefühl wirklich zu erfahren, wird die angestaute Energie freigesetzt, und das Gefühl löst sich auf.

Das Problem dabei ist, daß Menschen, wenn sie sich unwohl fühlen oder leiden, oft nicht wissen, wie sie diese angestaute Energie freisetzen können. Wir sind es gewohnt, einfach immer weiter zu machen in der Hoffnung, daß das Unbehagen oder der Schmerz irgendwann einfach von selbst verschwinden.

Wir müssen damit anfangen, unseren Gefühlen Priorität einzuräumen. Wir können lernen, wie man Gefühle wirklich fühlt und ihnen so Ausdruck verleiht, wie sie es verdienen. Wenn wir das regelmäßig tun, braucht es nie so weit zu kommen, daß wir durch unseren Schmerz vor Furcht gelähmt sind. Die folgenden Übungen können Ihnen bei diesem Prozeß helfen.

ÜBUNG 20

Schließen Sie die Augen und richten Sie Ihre Aufmerksamkeit auf die Mitte Ihres Körpers — auf Ihr Herz, Ihren Solarplexus, Ihren Unterleib. Fragen Sie sich, welche Gefühle Sie jetzt in diesem Augenblick haben. Versuchen Sie, Ihre Gefühle von den Gedanken zu unterscheiden, die Ihnen gerade durch den Kopf gehen. Fühlen Sie sich friedvoll, aufgeregt, ängstlich, traurig, wütend, leer, fröhlich, frustriert, schuldig, liebevoll, einsam, erfüllt, ernst oder verspielt?

Wenn Sie in sich ein unglückliches oder aufgeregtes Gefühl entdecken, gehen Sie in dieses Gefühl hinein und verleihen Sie ihm eine Stimme. Bitten Sie es, zu Ihnen zu sprechen und Ihnen zu sagen, was es fühlt. Hören Sie sich seinen Standpunkt aufmerksam an. Seien Sie Ihren Gefühlen gegenüber mitfühlend, liebevoll und unterstützend. Fragen Sie, wie Sie besser für sich selbst sorgen können. Schreiben Sie nun die Aspekte dieses inneren Dialogs auf, die Ihnen wichtig sind.

ÜBUNG 21

Für diese Übung benötigen Sie Buntstifte, Malkreide oder Fingerfarben. Legen Sie sie vor sich auf einen großen, leergeräumten Tisch. Legen Sie außerdem viele große Bögen weißes, unliniertes Papier bereit. Atmen Sie jetzt tief durch und achten Sie darauf, wie Sie sich fühlen. Fühlen Sie sich müde, ängstlich, glücklich? Welche Farbe hat dieses Gefühl? Suchen Sie sich von Ihren Buntstiften, Malkreiden oder Fingerfarben den Farbton aus, der dieses Gefühl repräsentiert. Malen Sie nun mit dieser Farbe. Benutzen Sie dabei Ihre dominante oder Ihre nicht-dominante Hand, oder beide. Welche Form hat das Gefühl? (Vertrauen Sie dabei ganz Ihren Impulsen.) Benutzen Sie die Farbe, die Sie ausgewählt haben, und jede andere gewünschte Farbe, um ein Bild von Ihrem gegenwärtigen Gefühlszustand zu malen – gegenständlich oder abstrakt. Betrachten Sie Ihr Bild dann eine Zeitlang. Wenn Sie den Impuls verspüren, Ihr Bild zu ergänzen, tun Sie das, mit den Farben und Formen, die sich richtig anfühlen. Machen Sie sich keine Gedanken über Aussehen oder Bedeutung des Bildes, folgen Sie einfach Ihrem Gefühl. Wenn Ihre Zeichnung sich fertig ›anfühlt‹, drehen Sie den Bogen um. Schreiben Sie mit Kreide drei Worte auf die Rückseite, die Ihr Bild beschreiben. Achten Sie darauf, wie Sie sich jetzt fühlen. Diese Übung ist kein Versuch, Ihre Gefühle zu verändern. Sie ist ein Weg, Gefühle zu akzeptieren, zu erfahren und auszudrücken. Wiederholen Sie die Übung, so oft Sie möchten.

ÜBUNG 22

Sich zu bewegen, Laute auszustoßen und zu atmen ermöglicht es dem Körper, nicht ausgedrückte Gefühle freizusetzen.

Auch wenn Sie nicht wissen, wie Sie sich fühlen, oder nicht glauben, irgendwelche Gefühle freisetzen zu müssen, können Sie die folgende Übung machen. Achten Sie hinterher genau darauf, wie Sie sich fühlen, und nehmen Sie sich die Zeit, alles aufzuschreiben, was Ihnen während der Übung auffiel.

Stellen Sie sich bequem hin, die Füße schulterbreit auseinander. Atmen Sie mehrere Male tief durch, und strecken Sie, während Sie einatmen, die Hände über den Kopf. Während Sie ausatmen, beugen Sie den Oberkörper vor und lassen die Hände zum Boden sinken. Wiederholen Sie diesen Vorgang mehrere Male. Stellen Sie sich beim Einatmen vor, daß Sie Energie von der Erde emporschöpfen, richten Sie dann Ihren Körper auf und strekken Sie sich hinauf zum Himmel. Stoßen Sie beim Ausatmen einen tiefen Seufzer der Erleichterung aus, beugen Sie Ihren Oberkörper vor und lassen Sie die Hände zum Boden sinken.

Beklopfen Sie dann mit den Händen sanft Ihren ganzen Körper. Diese Berührung wird Sie mit Energie aufladen − sie zeigen Ihrem Körper so, daß Sie wissen, daß er da ist.

Wenn Sie das Gefühl haben, genügend mit Energie aufgeladen zu sein, fangen Sie an, Ihren Körper zu bewegen. Beugen Sie Ihren Körper nach links und nach rechts, und schütteln Sie Ihre Arme und Hände aus. Ziehen Sie abwechselnd die Beine an und stoßen Sie dabei Laute aus − das ist sehr hilfreich, auch wenn dabei merkwürdige Laute entstehen. Schütteln Sie dann Ihren ganzen Körper aus − Ihre Füße, Beine, Hände und den Kopf. Stoßen Sie dabei auch weiterhin Laute aus.

Nachdem Sie sich so fünf oder zehn Minuten bewegt haben, schichten Sie mehrere Kissen auf einen Haufen und schlagen mit Ihren Fäusten oder einem Baseball-Schläger darauf ein. Machen Sie dabei ruhig tüchtig Lärm. Schreien Sie jetzt als Ersatz für die vielen Male, wo Sie gern geschrien hätten, es aber nicht taten. Wenn Sie wollen, können Sie in die Kissen schreien.

Nehmen Sie sich dafür fünf bis zehn Minuten oder noch länger Zeit, und dann, wenn Sie sich genügend ausgetobt haben, ruhen Sie sich aus. Finden Sie einen bequemen Platz zum Hinsetzen oder Hinlegen. Achten Sie beim Ausruhen darauf, wie sich Ihr Körper anfühlt und welche Emotionen Sie spüren.

Leben im Alltag

In diesem Kapitel werden wir lernen, die Prinzipien, mit denen wir uns vertraut gemacht haben, auf die praktischen, alltäglichen Probleme des Lebens anzuwenden: Geld, Beruf, Spiel, Gesundheit, Aussehen, Beziehungen, Sexualität und Kinder. Wenn Sie Ihrer Inneren Führung folgen und sie in diesen Bereichen anwenden, werden Sie Lebendigkeit, Gesundheit, Wohlstand und Kreativität erzeugen.

Geld

Die kreative Energie des Universums ist unbegrenzt und steht uns jederzeit zur Verfügung. Geld ist ein Symbol unserer kreativen Energie, daher steht es uns gleichfalls potentiell jederzeit zur Verfügung. Über wieviel Geld wir verfügen, hängt von unserer Bereitschaft ab, unserer kreativen Energie wirkungsvoll in unserer Welt Ausdruck zu verleihen. Ein Mangel an Geld spiegelt die Energieblockaden in uns wider.

Wenn Sie nicht tun, was Sie wirklich gerne tun möchten, wenn Sie es nicht zu verdienen glauben, Gutes zu empfangen, wenn Sie die Fingerzeige Ihrer Intuition ignorieren, dann blockieren Sie Ihre Energie; folgerichtig ist dann auch Ihr Geldfluß blockiert. Wenn Sie Dinge tun, die Ihnen Freude machen, und wenn Sie bereit sind, Lohn für Ihr Handeln zu empfangen, wird das Universum viel Geld in Ihr Leben fließen lassen. Wenn Sie lernen, sich selbst zu vertrauen und Ihrer inneren Führung zu folgen, verbünden Sie sich mit der höheren kreativen Kraft, die auf allen Ebenen für Sie sorgt, einschließlich der finanziellen. Um in Ihrem Leben finanzielles Gleichgewicht und Harmonie zu erreichen, müssen Sie sowohl das männliche Prinzip des ›Tuns‹ und des Ausdrucks von Energie als auch das weibliche Prinzip des ›Seins‹ und des Empfangens von Energie entwickeln und integrieren.

Denken Sie daran, daß wahrer, sich auf Harmonie von Geist und Form gründender Wohlstand nicht bedeutet, ein Übermaß an Geld sinnlos zu verprassen oder zu vergeuden. Er bedeutet vielmehr, daß Ihnen genug Geld zur Verfügung steht, um das zu tun, was Sie wirklich im Leben wollen, und um einen Lebensstil zu pflegen, der in Harmonie mit Ihrem eigenen Sein und mit der Erde ist.

ÜBUNG 23

Diese Meditation kann Ihnen helfen, sich von Blockaden zu befreien, die verhindern, daß sich in Ihrem Leben Fülle manifestieren kann. Außerdem vermittelt Sie Ihnen eine Vorstellung davon, was Wohlstand für Sie bedeutet.

Meditation – Geld

Atmen Sie zunächst eine Weile tief durch. Stellen Sie sich vor, daß Sie durch Ihre Füße goldenes Licht in Ihren Körper ziehen. Während Sie einatmen, bewegt sich das Licht durch Ihren ganzen Körper nach oben, und während Sie ausatmen, strömt es aus Ihrem Scheitel hervor wie aus einem Brunnen und hüllt Sie ganz ein.

Atmen Sie langsam ein und fühlen Sie, wie dieses goldene Licht alle Zellen Ihres Körpers mit Reichtum, grenzenlosen Möglichkeiten, Freude, Kreativität und innerem Wissen anfüllt. Während Sie ausatmen, umhüllt das Licht Sie mit Energie und Kraft. Fahren Sie fort, das Licht durch Ihren Körper emporströmen zu lassen und sich dann damit zu umhüllen. Fühlen Sie dabei, wie das goldene Licht alle alten Ideen, negativen Glaubensvorstellungen oder Blockaden Ihres Lebens auflöst. Visualisieren Sie, daß dieses Licht Sie durchströmt und heilt und Sie in einen offenen Kanal für Wohlstand verwandelt. Verbringen Sie eine Weile mit der Betrachtung dieses Bildes.

Stellen Sie sich als nächstes vor, daß diese Energie sich jetzt in Ihrer Welt widerspiegelt. In Ihrem Leben herrscht jetzt grenzenlose Fülle. Werden Sie sich dieses neuen Seinszustandes bewußt. Wie sieht Ihre Umgebung aus? Wie sieht es bei Ihnen zu Hause aus? Welchen Beruf üben Sie aus? Wie drücken Sie Ihre Kreativität aus? Wie sehen Ihre idealen Beziehungen zu Ihren Mitmenschen aus? Visualisieren Sie in allen Einzelheiten, wie Ihr neuer Wohlstand sich in allen Bereichen Ihres Lebens ausgewirkt hat.

Wenn negative Gedanken auftauchen, lassen Sie sie einfach davontreiben und lenken Sie Ihre Aufmerksamkeit sanft zurück auf den Wohlstand, der Ihnen gehört, den Reichtum, den die durch Ihren Körper strömende Energie in Ihrem Leben widerspiegelt. Visualisieren Sie Ihren Wohlstand genau so, wie Sie Ihn gerne verwirklicht sehen möchten.

Wenn Sie dazu bereit sind, lösen Sie sich von dem Bild und kehren Sie mit Ihrer Aufmerksamkeit wieder in die Außenwelt zurück. Schreiben Sie auf, was Sie während der Meditation gesehen haben, beschreiben Sie Ihr ideales Leben in Wohlstand. Wenn Sie möchten, können Sie so tun, als würden Sie einem Freund oder einer Freundin darüber schreiben. Beispielsweise: Liebe Susanne, Du solltest sehen, wie ich jetzt lebe. Was mit mir geschehen ist, ist einfach wunderbar. Meine Karriere als Fotograf/in hat sich endlich steil nach oben entwickelt. Ich verdiene jetzt genug Geld, um mir viele Dinge leisten zu können, die ich immer schon gern tun wollte. Nächstes Frühjahr machte ich eine Reise nach Afrika... usw.

ÜBUNG 24

Wenn wir uns nach innen wenden, können wir Antworten auf alle unsere Fragen erhalten. Bei dieser Übung werden Sie Ihre innere Führung bitten, Ihnen zu zeigen, was Ihre Energie blockiert und so verhindert, daß finanzieller Wohlstand in Ihr Leben fließt.

Schließen Sie die Augen und atmen Sie tief durch. Gehen Sie tief nach innen, zu einem ruhigen Ort, und bitten Sie um Kontakt zu Ihrer inneren Führung. Fragen Sie sich: »Wie blockiere ich gegenwärtig das Fließen der Energie und des Reichtums in meinem Leben?« Seien Sie offen für jede Antwort, die sich in Form von Worten oder Bildern einstellt. Möglicherweise erhalten Sie sofort eine Antwort, es kann aber auch ein paar Stunden, Tage oder Wochen dauern. Seien Sie also nicht entmutigt, falls sich die Antwort nicht sofort einstellt.

Die erwünschte Antwort kann in der unterschiedlichsten Form kommen. Vielleicht zeigt Ihnen Ihre Intuition das Gesicht von jemandem, mit dem Sie einen guten Geschäftsabschluß tätigen können. Oder Ihre innere Stimme macht Ihnen einen klaren Vorschlag, zum Beispiel: »Lerne, öfter nein zu sagen« oder »Riskiere mehr«. Der Hinweis, den Sie erhalten, kann etwas völlig Unerwartetes sein und mag scheinbar gar nichts mit Geld oder beruflichen Dingen zu tun haben. Was auch geschieht, vertrauen Sie dem, was Sie hören. Lassen Sie die Antwort einfach kommen.

Fertigen Sie, wenn Sie diesen ersten Teil der Übung abgeschlossen haben, eine Liste der Ergebnisse an. Schreiben Sie in der ersten Spalte auf, wo Sie sich, Ihrer Intuition zufolge, selbst blockieren. In der zweiten Spalte notieren Sie dann, was Sie tun können, um diese Energieblockaden abzubauen, so daß mehr Wohlstand in Ihr Leben strömen kann.

Beispiele:

Wie ich mich selbst blockiere	Was ich dagegen tun kann
1. Ich treibe mich ständig selbst an, weil ich Angst habe, sonst nicht genug Geld zu verdienen.	Mir ein oder zwei Tage freinehmen und dann Dinge tun, die mir Freude machen. So kann ich mich besser dafür öffnen, Gutes zu empfangen.

Wie ich mich selbst blockiere	Was ich dagegen tun kann
2. Ich kann mich nur schwer von meinem Geld trennen, aus Angst, nicht genug zu haben.	Einen kleinen Betrag für eine gute Sache spenden und sehen, wie ich mich dann fühle und was geschieht. Mir etwas kaufen, was ich jetzt im Moment gerne haben möchte.
3. Ich bin immer noch wütend auf meine Ex-Frau wegen ihrer überhöhten Unterhaltsforderungen.	Einen Brief schreiben, in dem ich all meine Wut und meine verletzten Gefühle zum Ausdruck bringe, und ihn einem Freund vorlesen, dem ich vertraue. Den Brief dann verbrennen und meine Höhere Kraft bitten, mich von diesen Grollgefühlen zu befreien.

1. _____

2. _____

3. _____

4. _____

5. _____

6. _____

7. _____

ÜBUNG 25

Malen Sie ein Bild, auf dem man sieht, wie Sie ein Leben leben, in dem in allen Bereichen Reichtum herrscht — im physischen (materiellen), emotionalen, geistigen und spirituellen Bereich. Es sollte Bilder oder Symbole von allem enthalten, das Ihnen in jedem dieser Bereiche wichtig ist. (Sie können auch eine Collage anfertigen, mit Bildern und Worten, die Sie aus Zeitschriften ausschneiden.)

Arbeit und Spiel

Arbeiten kann genauso viel Spaß machen wie Spielen. Wenn Sie Ihrer Energie folgen und tun, was Sie wirklich wollen, beginnt der Unterschied zwischen Arbeit und Spiel zu verschwinden. Arbeit wird nicht länger das sein, was Sie tun müssen, und Spiel, was Sie tun möchten. Wenn Sie das tun, was Ihnen Freude macht, werden Sie möglicherweise mehr arbeiten und produktiver sein als je zuvor, und doch wird Ihnen die Arbeit oft so leichtfallen wie Spielen.

Die für uns richtige Arbeit zu finden ist ein Entwicklungsprozeß. Manchmal kann es sinnvoll sein, eine Arbeit zu tun, die uns wenig Freude macht, um bestimmte Fähigkeiten zu erwerben oder die Rechnungen zu bezahlen, während wir gleichzeitig in anderen Bereichen lernen, wachsen und uns selbst entdecken. Außerdem verändern sich unsere Bedürfnisse und Wünsche, während wir wachsen, so daß eine Arbeit, die einmal Freude machte und geeignet für uns war, dies plötzlich nicht mehr sein kann.

Wenn Sie also feststellen, daß Sie gegenwärtig einen Job haben, mit dem Sie nicht vollauf zufrieden sind, sollten Sie sich deswegen keine Vorwürfe machen oder denken, daß Sie etwas verkehrt machen. Werden Sie sich einfach bewußt, daß Sie beginnen, über diese Arbeit hinauszuwachsen, und denken Sie nach. Lassen Sie Ihre Fantasie spielen und informieren Sie sich über andere Möglichkeiten.

Um in jeder Lebensphase die jeweils richtige Arbeit zu finden, sollten Sie beobachten, was Ihnen besonders viel Freude macht und Sie am meisten interessiert, und dann Schritte einleiten, um genau das zu tun. Ihre Fantasien können Ihnen zeigen, welche Art von Selbstausdruck Sie sich wirklich wünschen. Denken Sie daran: Der Beruf, den Sie suchen, existiert vielleicht noch gar nicht — vielleicht ist es an Ihnen, ihn zu erfinden. Die folgenden Übungen können Ihnen helfen, die richtige Arbeit zu entdecken und den Gegensatz zwischen Arbeit und Spiel in Ihrem Leben aufzulösen.

ÜBUNG 26

Ihre Fantasien zu erforschen ist ein guter erster Schritt, um eine Arbeit zu finden, die Ihnen Freude macht. Sogar sehr unrealistische Fantasien können, obwohl sie sich vielleicht nie verwirklichen, Ihnen die Richtung für Erkundungen und Entdeckungen weisen.

Listen Sie in der ersten Spalte Fantasien und Träume auf, die sich um Arbeit, Karriere und Kreativität drehen. Visualisieren Sie dann, wie Sie das tun, was Sie aufgeschrieben haben. Sehen Sie sich beispielsweise als Steptänzer am Broadway. Fühlen Sie, wie es wäre, genau das zu tun, was Sie gern tun möchten. Aus solchen Visualisierungen kann man oft eine Inspiration für konkretes Handeln gewinnen.

Schreiben Sie dann in der zweiten Spalte auf, was Sie tun können, um Ihre Fantasien genauer zu erforschen. Versuchen Sie nicht gleich alles auf einmal, sonst sind Sie womöglich gleich wieder entmutigt. Suchen Sie sich eine oder zwei Sachen, und probieren Sie sie aus. Nach ein oder zwei Monaten können Sie die Liste wieder zur Hand nehmen und sehen, ob Sie noch etwas anderes davon ausprobieren möchten. Lassen Sie das nächste halbe oder volle Jahr zu einer Zeit werden, in der Sie erforschen und entdecken, welche Arbeit Ihnen wirklich liegt.

Beispiele:

Fantasien und Impulse	Aktivitäten
1. Steptanz am Broadway	Örtliche Tanzschulen anrufen und sich nach Steptanzkursen für Erwachsene erkundigen. Später versuchen, eine Amateur-Theatergruppe zu finden, die eine Show einstudiert. Selbst eine ›Tanz-Show‹ vorschlagen und sich für Steptanz melden.
2. Mein eigenes Wintersport-Fachgeschäft gründen.	Mit dem Besitzer des Fachgeschäfts, zu dem ich immer gehe, reden und so mehr über dieses Gewerbe in Erfahrung bringen.

Fantasien und Impulse   Aktivitäten

1. _____

2. _____

3. _____

4. _____

5. _____

6. _____

7. _____

8. _____

9. _____

10. _____

ÜBUNG 27

Schreiben Sie zehn Dinge auf, die Sie gern tun, auch wenn Sie anscheinend nichts mit Arbeit zu tun haben.

Beispiele:

1. Dinge organisieren
2. Seifenopern anschauen
3. Mit anderen Menschen reden
4. Reisen
5. Schwimmen
6. Kochen
7. Die Möbel umräumen
8. Etwas zum Anziehen für mich und andere kaufen
9. Gewichtheben
10. Essen

1. _____

2. _____

3. _____

4. _____

5. _____

6. _____

7. _____

8. _____

9. _____

10. _____

Schließen Sie nun die Augen und stellen Sie sich vor, daß Sie einige dieser Dinge tun und dafür gut bezahlt werden. Nehmen Sie sich täglich fünf bis zehn Minuten Zeit, um diese Visualisierungsübung zu wiederholen. Wenn negative Gedanken auftauchen — zum Beispiel, daß man doch wohl kaum dafür bezahlt wird, vor dem Fernseher zu sitzen —, lenken Sie Ihre Aufmerksamkeit sanft wieder auf das Positive. Manchmal entgehen uns neue Gelegenheiten einfach nur, weil wir sie nicht für möglich halten. Angenommen, auf Ihrer Liste steht Kochen und Reisen, und eine Woche, nachdem Sie Ihre Visualisierungsübung gemacht haben, verspüren Sie plötzlich den Drang, einen alten Freund anzurufen. Sie greifen zum Telefon — und Ihr Freund erzählt ganz beiläufig von einem Job als Koch auf einem Kreuzfahrtschiff, von dem er gehört hat!

ÜBUNG 28

Affirmationen (Bejahungen) können Ihnen helfen, Ihre Wünsche zu verwirklichen. Wählen Sie zwei von den folgenden Affirmationen aus, und schreiben Sie sie täglich zehn bis zwanzig Mal. Oder erfinden Sie eigene Affirmationen. Sprechen Sie sie mit fester Stimme vor einem Spiegel. Das kann sehr wirkungsvoll sein.

1. Ich, (Ihr Name), tue jetzt, was ich gerne tue, und werde dafür reich entlohnt.
2. Ich, _____, bin jetzt ein offener Kanal für kreative Ideen.
3. Ich, _____, weiß jetzt genau, was ich tun möchte, um eine Menge Geld zu verdienen.
4. Meine Arbeit fällt mir spielerisch leicht.
5. Ich, _____, vertraue der Energie in mir und werde so zu dem für mich perfekten Beruf geführt.

Erfinden Sie nun eigene Affirmationen:

1. _____

2. _____

3. _____

4. _____

5. _____

6. _____

7. _____

8. _____

9. _____

10. _____

Gesundheit

Der Körper ist das Barometer unserer Gefühle. Vielleicht können wir mit unserem bewußten Denken unsere Gefühle leugnen, unser Körper aber kennt sie immer. Wenn wir es zulassen, kann er uns zeigen, was in unserem Denken, unserem Selbstausdruck und unserem Lebensstil nicht funktioniert. Er kann uns auch verraten, ob wir unserer intuitiven Stimme vertraut oder sie ignoriert haben. *Wenn* wir uns vertrauen, spiegelt unser Körper das durch gute Gesundheit, durch Lebendigkeit und Schönheit. Wenn wir uns selbst nicht vertrauen und nicht unserer inneren Führung folgen, nimmt unsere Lebendigkeit ab. In unserem Körper zeigt sich das als Verlust an Lebenskraft, als Steifheit, als Schmerz und schließlich als körperliche Erkrankung.

Krankheit ist eine Botschaft, die uns unser Körper schickt, wenn wir nicht unserer wahren Energie folgen und unseren Gefühlen nicht vertrauen. Der Körper wird uns so lange Signale schicken, bis wir die Botschaft verstanden haben. Zunächst wird es sich dabei nur um ein leichtes Gefühl der Müdigkeit oder des Unbehagens handeln, aber diese Signale werden drängender und intensiver werden, wenn wir ihnen keine Beachtung schenken und die erforderlichen Veränderungen nicht vornehmen. Wir werden immer stärker Signale erhalten, Schmerzen, kleinere Erkrankungen, und wenn wir uns dann immer noch nicht ändern, kann es schließlich zu einer ernsten oder gar tödlichen Erkrankung oder einem Unfall kommen.

Wenn Sie unter körperlichem Unwohlsein oder einer Krankheit leiden, entspannen Sie sich. Wenn Sie zur Ruhe gekommen sind, fragen Sie Ihren Körper, welche Botschaft Ihre Krankheit für Sie enthält. Ihr Körper wird stets versuchen, Ihnen zu sagen, was Sie brauchen, um sich selbst zu heilen. Die folgenden Übungen zeigen Ihnen, wie Sie besser mit Ihrem Körper kommunizieren können. Sie können Ihnen dabei helfen, die Ursache für jede Krankheit aufzudecken, unter der Sie gerade leiden.

Selbstverständlich sollten diese Übungen, wenn bei Ihnen spezifische gesundheitliche Probleme vorliegen, nur in Verbindung mit geeigneter medizinischer Behandlung und anderen notwendigen Maßnahmen durchgeführt werden.

ÜBUNG 29 – Meditation

Wenn ein bestimmter Teil Ihres Körpers krank ist oder schmerzt, kann diese Meditation hilfreich sein. Machen Sie es sich bequem, atmen Sie ein paarmal tief durch und entspannen Sie Körper und Geist völlig. Richten Sie Ihre Aufmerksamkeit jetzt auf jenen Teil Ihres Körpers, der Heilung braucht, und fragen Sie diesen Körperteil, was er fühlt und was er Ihnen sagen möchte. Seien Sie aufnahmebereit für die Botschaft Ihres Körpers. Fragen Sie den betreffenden Körperteil, was Sie tun sollen, um sich selbst zu heilen. Achten Sie auf das, was er Ihnen sagt, und folgen Sie seinem Rat.

Wenn es Ihnen schwerfällt, diese Meditation durchzuführen, versuchen Sie statt dessen die folgende Schreibübung: Nehmen Sie zwei verschieden-farbige Kugelschreiber. Schreiben Sie mit Ihrer dominanten Hand eine Frage an Ihren Körper auf. Schreiben Sie dann mit Ihrer nicht dominanten Hand in der anderen Farbe die Antwort auf, die Ihnen spontan in den Sinn kommt. Zuerst fällt es Ihnen vielleicht schwer, mit der nicht dominanten Hand zu schreiben, aber versuchen Sie es, so gut es geht. Ihre dominante Hand spricht für Ihren bewußten Verstand, der Informationen benötigt. Ihre nicht dominante Hand spricht für Ihr Unterbewußtsein oder Ihren in-tuitiven Geist, der in diesem Fall die Gefühle des Körpers repräsentiert.

Beispiel:

Peters dominante Hand: Rücken, warum tust du mir weh?
Peters nicht dominante Hand (als Stimme des Rückens): Es lastet zu viel Gewicht auf mir. Ich habe zu viel Verantwortung zu tragen. Ich brauche Unterstützung.
Peters dominante Hand: Welche Art von Unterstützung?
Peters nicht dominante Hand: Peter sollte jemanden haben, mit dem er über seine Gefühle und Probleme sprechen kann. Er versucht, alles allein zu schaffen. Dann habe ich das Gefühl, daß ich die ganze Welt auf meinen Schultern tragen muß.

ÜBUNG 30 – Meditation

A. Ein schlechter Gesundheitszustand kann durch unausgedrückte Gefühle verursacht werden. Viele Menschen, die an ernsten Erkrankungen leiden, haben zuvor über einen langen Zeitraum ihre Gefühle unterdrückt. Wenn Sie gegenwärtig an einer Krankheit leiden, kann diese Meditation Ihnen helfen, die Gefühle zu entdecken und auszudrücken, die die Krankheit verursacht haben.

Schließen Sie die Augen und atmen Sie ein paarmal tief durch. Entspannen Sie sich und lassen Sie dabei alle äußeren Sorgen los. Gehen Sie allmählich tief in Ihr Inneres, zu Ihrer Intuition. Lassen Sie aus diesem Ort tief in Ihnen das Bild einer Person aufsteigen. Das kann jemand sein, demgegenüber Sie einige Gefühle ausdrücken möchten, jemand, dem Sie lange etwas Bestimmtes sagen wollten, oder jemand, zu dem Sie in letzter Zeit ein gestörtes Verhältnis haben. Es kann eine ›positive‹ oder eine ›negative‹ Kommunikation sein.

Wenn Sie diese Person deutlich vor sich sehen, stellen Sie sich vor, daß Sie ihr sagen, was immer Sie ihr mitteilen wollten. Äußern Sie wirklich alle Ihre unausgesprochenen Gedanken und Gefühle. Denken Sie daran, daß alle Gefühle, die Sie in sich zurückhalten, Ihnen nur wehtun. Nicht ausgedrückte Wut, die sich in Groll verwandelt, ist eine wichtige Krankheitsursache.

Nachdem Sie alles angesprochen haben, was Sie ansprechen wollten, sagen Sie zu der betreffenden Person: »Ich bin jetzt bereit, dich deinem höchsten Guten anzuvertrauen«, oder: »Ich bin bereit, dich ganz dem Universum zu überantworten.« Atmen Sie ein paarmal tief durch in der Gewißheit, für den Augenblick alles geäußert und ausgedrückt zu haben, was Sie auf dem Herzen hatten.

Oft werden uns bei dieser Übung viele Dinge bewußt, die wir unterdrückt haben. Auch wenn Sie im Moment das Gefühl haben, alles ausgedrückt zu haben, kann es sein, daß ein paar Stunden oder Tage später weitere Gefühle auftauchen, die ausgedrückt werden müssen. Wenn das der Fall ist, wiederholen Sie diese Übung, so oft Sie möchten, oder machen Sie statt dessen Teil B.

B. Sie können Ihre Gefühle gegenüber einer bestimmten Person auch ausdrücken, indem Sie ihr einen Brief schreiben. Schreiben Sie auf dem dafür vorgesehenen freien Feld oder auf ein separates Blatt einen Brief an jemanden, mit dem Sie hätten reden sollen. Schreiben Sie alles auf, das Sie dem Betreffenden gerne gesagt hätten. Das ist eine Gelegenheit, alle Ihre Gedanken über Vergangenheit, Gegenwart und Zukunft auszudrücken, alle Ihre Schuldgefühle, Ihre Wut, Ihren Schmerz, Traurigkeit, Liebe, usw. Es ist eine ungefährliche Gelegenheit, alle Gefühle auszudrücken, die in Ihnen begraben waren und die Gesundheit Ihres Körpers beeinträchtigten. Während Sie schreiben, können Sie in Kontakt mit ganz unterschiedlichen Emotionen kommen. Zum Beispiel kann es sein, daß Sie zunächst über Ihren Ärger schreiben, dann jedoch Ihrer Traurigkeit, Ihrer Angst, Ihrer Liebe Ausdruck geben. Vertrauen Sie Ihren Gefühlen, und lassen Sie sie frei fließen.

Wenn Sie fertig sind, reißen Sie die Seite heraus und verbrennen den Brief. Diese Handlung symbolisiert, daß Sie sich jetzt von alten Emotionen lösen.

Noch einmal: Wenn Sie spüren, daß noch mehr Gedanken oder Gefühle ausgedrückt werden müssen, wiederholen Sie diese Übung oder Teil A.

Es mag nötig sein, der betreffenden Person Ihre Gefühle tatsächlich mitzuteilen, oder auch nicht. Wenn Sie die Meditation oder die Schreibübung einmal oder mehrfach gemacht haben, werden Sie vermutlich mehr Klarheit über Ihre Gefühle haben oder zum Kern des Problems vorstoßen, das Ihnen zu schaffen macht. Sich selbst über diese Gefühle Rechenschaft abzulegen, kann genügen, um sie zu heilen, besonders wenn die betreffende Person in Ihrem Leben nicht mehr körperlich gegenwärtig ist. Wenn Sie jedoch das Bedürfnis haben, sich dieser Person mitzuteilen, schreiben Sie Ihr einen wirklichen Brief, in dem Sie ihr so klar und einfach wie möglich mitteilen, was Sie ihr zu sagen haben, und schicken Sie ihn ab. Denken Sie daran, daß Sie um so besser gehört werden, je klarer und freier von Vorwürfen und Schuldzuweisungen Sie den Grund Ihres Schmerzes oder Ihrer Wut artikulieren. Äußern Sie klar Ihre Wünsche. Tun Sie das Ihrer eigenen Heilung zuliebe, ohne eine bestimmte Antwort zu erwarten. Wenn Sie wirklich Ihre tiefsten Gefühle ausgedrückt haben, werden Sie sich hinterher erlöst und erleichtert fühlen. Es kann sein, daß Sie solche Briefe an mehrere Menschen schreiben müssen − Eltern, Ehemann oder -frau, Ex-Freund oder -Freundin, Kinder, andere Ihnen nahestehende Menschen. Es folgt nun ein Beispiel für einen solchen Brief:

Susanne,

ich muß Dir diesen Brief schreiben, um meine Gefühle Dir gegenüber auszudrücken, denn ich kann sie nicht länger in mir herumtragen. Ich bin sehr verletzt und wütend, weil Du unsere Freundschaft beendet hast, ohne mit mir über Deine Gefühle zu sprechen oder mir Deine Gründe mitzuteilen. Ich glaube, daß unsere Freundschaft eine bessere Behandlung verdient hätte. Ich bin verletzt, weil Du mir nicht genug vertraut hast, um mit mir über das zu sprechen, was in Dir vorging. Es hat sich ein ziemlicher Groll in mir angestaut, weil Du Dich mir gegenüber so verhalten hast. Mit diesem Brief versuche ich, diesen Groll abzubauen, denn es ist sehr unangenehm für mich, solche Gefühle zu haben. Es wäre gut, wenn Du mir schreibst und mir Deine Gefühle mitteilst. Das hilft vielleicht, die Dinge zwischen uns zu klären.

Hanna

ÜBUNG 31

Um wirklich kerngesund zu sein, müssen wir lernen, unseren Körper auf eine Art zu bewegen, die Spaß macht. Körperliches Training bedeutet leider viel zu oft *Arbeit*. Besser ist es, unseren Körper auf eine spielerische Art zu trainieren. Denken Sie an kleine Kinder oder Tiere. Sie brauchen sich nicht in der Turnhalle zu schinden, um in Form zu bleiben. Sie bewegen ihren Körper instinktiv, auf einfache, verspielte Weise strecken sie sich und rennen sie umher. Die folgende Übung wird Ihnen helfen, die Freude an körperlicher Bewegung zu entdecken.

Suchen Sie sich zu Hause eine Stelle, wo genügend Platz ist. Schieben Sie, falls nötig, ein paar Möbel beiseite — Sie benötigen rings um sich etwa eine Körperlänge freien Platz. Legen Sie Musik auf, die Ihrer augenblicklichen Stimmung entspricht, oder der Stimmung, in der Sie jetzt gern wären. Fühlen Sie sich aufgeregt, müde, etwas gereizt oder überanstrengt? Stellen Sie sich in die Mitte der freien Fläche und beginnen Sie damit, Ihren Kopf zum Klang der Musik zu bewegen. Lassen Sie zu, daß Ihr Kopf sich, ohne jede Anstrengung oder Verkrampfung langsam bewegt, und lassen Sie den Unterkiefer dabei locker herabhängen. Beginnen Sie nun damit, auch die übrigen Teile Ihres Körpers zur Musik zu bewegen, und zwar eins nach dem anderen, so wie die Instrumente eines Orchesters, die nacheinander in eine Melodie einstimmen. Nehmen Sie die Schulter hinzu, wenn sie bereit sind, lassen Sie dann auch die Hände ihren Bewegungsausdruck finden. Lassen Sie die rhythmischen Bewegungen so langsam den Körper hinabwandern, bis alle Ihre Körperteile ›im Orchester mitspielen‹. Wenn Sie bei den Füßen angekommen sind, lassen Sie die Bewegung wieder den Körper hinaufwandern und alle Körperteile erfassen, die sich bewegen möchten, und denken Sie dabei stets an den Rhythmus der Musik. Bewegen Sie sich so lange zu der Musik, wie es sich gut anfühlt. Wenn Sie damit fertig sind, setzen oder legen Sie sich ein paar Minuten hin. Machen Sie sich bewußt, wie Ihr Körper sich nun anfühlt. Welche Muskeln haben sich gelockert? Welche Körperteile möchten Sie gern strecken oder dehnen? Beenden Sie die Übung, indem Sie diese Körperteile strecken oder dehnen, oder prägen Sie sich diese Teile ein und schenken Sie ihnen besondere Beachtung, wenn Sie die Übung das nächste Mal durchführen. Achten Sie auf Ihre emotionale Verfassung. Dies ist ein sehr guter Zeitpunkt, um ein paar Minuten zu meditieren, Affirmationen zu sprechen oder sich einfach zu entspannen.

ÜBUNG 32

Beschreiben Sie auf dem dafür vorgesehenen freien Feld, wie Sie sich vollkommene Gesundheit vorstellen. Wie würden Sie aussehen, sich fühlen, sich verhalten? Berücksichtigen Sie dabei spirituelle, geistige, emotionale und körperliche Aspekte der Gesundheit. Visualisieren Sie nun, was Sie beschrieben haben, und bejahen Sie, daß dieser Zustand vollkommener Gesundheit jetzt in Ihrem Leben verwirklicht ist.

Ihr vollkommener Körper

Ihr vollkommener Körper ist derjenige, den Sie jetzt bereits haben. Es ist der Körper, den Ihr Geist erschaffen hat, um sich in physischer Form auszudrücken. Um ein Gefühl dafür zu bekommen, wie schön unsere Körper tatsächlich sind, sollten Sie einmal ein paar kleinen Kindern beim spontanen, natürlichen Spielen zuschauen. Obwohl sie sich möglicherweise in Größe, Farbe und Gestalt ziemlich unterscheiden, sind sie doch alle auf ihre eigene Weise sehr schön. Beobachten Sie Tiere in Ihrer natürlichen Umgebung und sehen Sie, wie schön sie sind. Kleine Kinder und Tiere sind so schön, weil sie von Lebenskraft erfüllt sind und dieser Energie in ihren Bewegungen frei folgen. Leider werden wir, wenn wir heranwachsen, dazu konditioniert, unserer Lebensenergie zu mißtrauen, statt ihr zu folgen. Unsere Körper zahlen dafür den Preis. Auch haben die meisten zivilisierten Menschen nicht gelernt, ihren Körper wertzuschätzen, ihn zu lieben und für ihn zu sorgen, und unsere Körper spiegeln dann diesen Mangel an Liebe und Fürsorge. Wenn Sie möchten, daß Ihr Körper seine wahre Schönheit offenbart, müssen Sie eine liebevolle, fürsorgliche Beziehung zu ihm entwickeln. Das kann Zeit und Geduld erfordern.

Gesundheit und Wohlbefinden unseres Körpers ist eng verknüpft mit unserem emotionalen Wohlbefinden. Wenn wir uns emotional geborgen und erfüllt fühlen, ist es viel wahrscheinlicher, daß wir körperlich gesund, vital und attraktiv sind. Unsere emotionalen Verletzungen, Konflikte und Blokkaden drücken sich oft physisch in unserem Körper aus. Welche Gefühle wir unserem Körper entgegenbringen, ist sehr stark mit unseren grundlegenden Gefühlen bezüglich unserer Identität und unseres Selbstwertes verknüpft. Daher sind unsere Körpergefühle sehr tiefgehend und vielschichtig. Es gibt keine einfachen Lösungen, aber wenn wir bereit sind, uns mit der inneren Arbeit der emotionalen und spirituellen Heilung gleichermaßen wie mit der körperlichen Heilung zu befassen, können unsere körperlichen Probleme uns zu Ganzheitlichkeit auf allen Ebenen führen.

Eine der häufigsten Formen, wie unsere emotionalen Probleme sich körperlich manifestieren, sind Gewichtsprobleme (Übergewicht oder Untergewicht) und Eßstörungen. Unsere Beziehung zur Nahrung hat tiefe emotionale Wurzeln. Sie ist mit Kindheitserlebnissen in der Familie verknüpft, mit Themen wie Fürsorge, Selbstliebe, Persönlichkeitsgrenzen und Nähe.

Wir sind eine Sucht-Gesellschaft, und sehr viele Menschen zeigen beim Essen Suchtverhalten. Das heißt, sie benutzen Essen zwanghaft dazu, ihre

Gefühle zu kontrollieren oder zu unterdrücken, emotionale Bedürfnisse zu befriedigen, Problemen auszuweichen und so weiter.

Wenn Sie an Eßstörungen leiden, können Ihnen die Übungen in diesem Kapitel einige wertvolle Einsichten vermitteln, mit ihnen allein werden Sie das Problem jedoch nicht in den Griff bekommen. Möglicherweise sind die Übungen sogar ungeeignet für Sie, wenigstens solange Sie nicht den entscheidenden Schritt tun, im Rahmen einer professionellen Therapie oder einer Selbsthilfegruppe sich Ihrer Sucht zu stellen und so eine Heilung zu ermöglichen.

Falls Sie extrem eßsüchtig sind oder an einer Eßstörung wie Magersucht oder Bulimie leiden, rate ich Ihnen dringend, professionelle Hilfe in Anspruch zu nehmen. Es gibt viele wunderbare Therapeuten, die auf diese Problematik spezialisiert sind. Und es gibt heute Selbsthilfegruppen in den meisten größeren Städten.

Wenn Sie nicht an krankhaften Eßstörungen oder ernsten körperlichen Erkrankungen leiden oder sich diesbezüglich bereits einer wirksamen Therapie unterzogen haben, können die Übungen dieses Kapitels Ihnen helfen, wieder zu einer natürlichen, vertrauensvollen Beziehung mit Ihrem Körper zu finden.

Einen schönen Körper zu haben fängt damit an, daß man dem natürlichen Fließen der eigenen Energie folgt. Das bedeutet, zu schlafen, essen, ruhen und sich zu bewegen, wann *Sie* es möchten. Es bedeutet, daß Sie lernen, sich selbst zu vertrauen.

Das größte Hindernis dagegen, daß wir uns selbst vertrauen, besteht darin, daß die meisten von uns noch nicht gelernt haben, wie man das macht. Als Kinder übernehmen wir, ohne kritisch zu hinterfragen, die Sitten und Gewohnheiten unserer Eltern und unserer Kultur und ebenso deren Vorstellungen darüber, wie man mit dem eigenen Körper umgeht. Dazu gehört, zu Zeiten zu essen, die nicht uns selbst, sondern anderen Leuten angenehm sind, und den Teller leerzuessen, um dafür gelobt zu werden. Auch wenn wir als Erwachsene möglicherweise Gewohnheiten haben, die sich drastisch von denen unserer Kindheit unterscheiden, orientiert sich unsere Lebensweise immer noch an unseren Reaktionen auf äußere Zwänge und Normen. Obgleich wir längst erwachsen sind, müssen wir doch noch eine unmittelbare Verbindung zu unserer wahren, spontanen Natur herstellen — unserem wahren Selbst. Deshalb fällt es uns schwer, die natürlichen Bedürfnisse unseres Körpers zu verstehen und angemessen auf sie zu reagieren.

Damit Sie lernen, sich selbst zu vertrauen, müssen Sie es zunächst einmal riskieren, das zu tun, was Ihr Körper Ihnen sagt. Anfangs erhalten Sie vielleicht nur Botschaften aus dem Kopf, statt von Ihrer Intuition. Doch je mehr Sie wagen, auf Ihre inneren Botschaften zu hören, desto mehr wird sich Ihr innerer Kanal öffnen, und desto klarer werden diese Botschaften werden.

Ihr Körper weiß, was gut für ihn ist. Sie sollten offen für das sein, wonach es ihm verlangt, sei es, im Bett zu bleiben, oder früh aufzustehen und den ganzen Tag schwer zu arbeiten. Zunächst mag das bedeuten, daß Sie das genaue Gegenteil von allem tun, was Sie in der letzten Zeit getan haben. Wenn Sie zum Beispiel ununterbrochen gearbeitet haben, kann es sein, daß Sie nun erst einmal ein paar Tage (oder Monate!) damit zubringen möchten, was Sie sich bislang versagt haben: also in diesem Fall Ruhe, Entspannung, Spiel. Wenn Sie dagegen bislang zur Lethargie geneigt haben, kann es sein, daß Ihr Körper nach Bewegung verlangt. Experimentieren Sie so viel wie möglich. Schließlich werden Sie zu einem Gleichgewicht finden, das diesmal nicht von außen auferlegt ist, sondern aus Ihrer tiefen, inneren Quelle kommt.

Die folgenden Übungen können helfen, negative Glaubenssätze oder alte Vorstellungen bezüglich Ihres Körpers zu erkennen und den Weg für ein tieferes, intuitiveres Verständnis Ihrer wahren Bedürfnisse ebnen.

ÜBUNG 33

Setzen Sie sich hin und denken Sie über all Ihre alten Ideen und Überzeugungen bezüglich Körper, Ernährung und Bewegung nach. Versuchen Sie, sich an alles zu erinnern, was man Ihnen über Ernährung gesagt hat. Das können Äußerungen Ihrer Eltern sein oder Behauptungen aus Fernsehsendungen und Zeitschriften. Lassen Sie sie alle an die Oberfläche kommen. Schreiben Sie so viele davon auf, wie möglich. Notieren Sie dann daneben eine Affirmation, die diese Überzeugungen ausgleicht.

Beispiele:

Negative Überzeugungen	Affirmationen
1. Ich mag meinen Körper nicht.	Ich liebe und achte meinen Körper.
2. Ich bin zu dick (zu dünn).	Mein Körper ist schön.
3. Ich nehme schon zu, wenn ich Essen nur ansehe.	Ich kann Essen unbeschwert betrachten und verspeisen, denn mein Körper ist schlank und gesund.
4. Ich ernähre mich völlig falsch.	Ich habe Appetit auf natürliches, gesundes, nahrhaftes Essen.
5. Mein Körper wird nie so sein, wie ich ihn mir wünsche.	Ich, (Ihr Name), habe jetzt den Körper, den ich mir wünsche.
6. Es fällt mir schwer, mich sportlich zu betätigen.	Ich trainiere meinen Körper jetzt leicht und mühelos. Ich genieße es, körperlich aktiv zu sein. Ich übe in Harmonie mit meinem Körper eine Sportart aus, die mir Freude macht.

Negative Überzeugungen	Affirmationen

1. _____

2. _____

3. _____

4. _____

5. _____

6. _____

7. _____

8. _____

9. _____

10. _____

ÜBUNG 34

Beschreiben Sie, wie Sie sich mit Hilfe alter Ideen und Überzeugungen selbst kontrolliert haben, statt Ihrem natürlichen Rhythmus zu folgen. Stellen Sie jeder dieser Aussagen eine Möglichkeit gegenüber, wie Sie diese Kontrolle aufgeben und Kontakt zu Ihrem natürlichen Rhythmus bekommen können.

Wenn Sie es gewohnt sind, sich um ständige Selbstkontrolle zu bemühen, kann es eine unangenehme Erfahrung sein, loszulassen. Anfangs wird es leichter sein, dieses Loslassen nur in einem einzigen Bereich Ihres Lebens zu üben. Wenden Sie sich dem nächsten Bereich erst zu, wenn das Loslassen nicht mehr unangenehm ist.

Beispiele:

Wie ich Selbstkontrolle ausübe	Möglichkeiten, loszulassen
1. Ich treibe mich zum Weitermachen an, auch wenn ich erschöpft bin.	Eine Woche lang kann ich mir Ruhe gönnen, wenn mein Körper danach verlangt, anstatt mich ständig anzutreiben.
2. Ich mache ständig eine ›kontrollierte‹ Diät, bei der ich mir fast alles versage, was mir wirklich schmeckt.	Eine Woche lang werde ich, anstatt Diät zu machen, essen, was mir wirklich schmeckt.
3. Ich bestehe darauf, jeden Tag acht Kilometer zu laufen, ob mir danach ist oder nicht.	In dieser Woche werde ich nur laufen, wenn ich es möchte, und auch nur so lange ich möchte.

Wie ich Selbstkontrolle ausübe	Möglichkeiten, loszulassen

1. _____

2. _____

3. _____

4. _____

5. _____

6. _____

7. _____

8. _____

9. _____

10. _____

ÜBUNG 35

Wenn Sie Ihren vollkommenen Körper entwickeln möchten, ist es sehr wichtig, daß Sie lernen, sich selbst zu lieben und zu achten. Alle Dinge entfalten Ihre Schönheit, wenn Sie durch Liebe und Wertschätzung genährt werden.

Schreiben Sie nun so viele Dinge wie möglich auf, die Sie tun können, um Ihre Selbstliebe auszudrücken. Konzentrieren Sie sich dabei auf Dinge, die Sie für Ihren Körper tun können.

Beispiele:

1. Ein heißes Bad nehmen.
2. Mir einen Blumenstrauß kaufen.
3. Ein aus natürlichen, gesunden Zutaten bereitetes Feinschmeckermahl genießen.
4. Mir eine teure, professionelle Massage gönnen.
5. Schwimmen gehen.
6. Einen Wochenendausflug planen.
7. Mich einen halben Tag lang verwöhnen — ein wundervolles Essen genießen, klassische Musik hören, es mir auf dem Sofa bequem machen.
8. Einen langen, einsamen Spaziergang machen und mich an meiner eigenen Gesellschaft erfreuen.
9. Mitglied in einem Sportverein werden und zweimal pro Woche dorthin gehen.
10. Meine Lieblingsmusik auflegen und dazu tanzen.
11. Liebe machen.

1. _____

2. _____

3. _____

4. _____

5. _____

6. _____

7. _____

8. _____

9. _____

10. _____

ÜBUNG 36

Wenn Sie immer nur darauf warten, das zu sein, zu tun oder zu haben, was Sie sich wünschen, blockieren Sie dadurch Ihre Energie, und Ihr Körper wird das als überflüssiges Gewicht widerspiegeln. Indem Sie sich selbst unmittelbar ausdrücken und das tun, *was* Sie wollen, und *wann* Sie es wollen, kann die Energie in Ihrem Körper frei fließen. Dieser Energiefluß wird Ihr Übergewicht auflösen.

Wo haben Sie Energie in Form von Fett ›angesetzt‹, anstatt Sie in Aktion ›umzusetzen‹? Notieren Sie in der linken Spalte, wo Sie Energie ›angesetzt‹ haben.

Gibt es etwas, daß Sie daran ändern möchten? Schreiben Sie in der rechten Spalte auf, wo Sie Energie in Aktion ›umsetzen‹ möchten, statt Sie ›anzusetzen‹. Wenn Sie ernsthaft blockierte Energie in Aktivität ›umsetzen‹ möchten, wäre es gut, Ihr Vorhaben zu bekräftigen, indem Sie sich eine zeitliche Frist setzen.

Beispiele:

Wo ich Energie (Fett) ›ansetze‹	So werde ich aktiv
1. Ich möchte eigentlich viel öfter tanzen gehen. Doch irgendwie nehme ich mir nie die Zeit dazu.	Ich werde diese Woche damit anfangen, einmal wöchentlich zur Tanzstunde zu gehen.
2. Ich möchte endlich ein klärendes Gespräch mit meinem Bruder führen. Ich würde mich gerne trauen, ihm meine Gefühle mitzuteilen.	Ich werde zunächst aufschreiben, was ich ihm sagen möchte, und ihn dann am (Datum) anrufen.
3. Ich traue mich nicht, meinen Chef um eine Gehaltserhöhung zu bitten.	Zuerst werde ich mit einem Freund über meine diesbezüglichen Ängste sprechen. Dann werde ich am Monatsende um eine Gehaltserhöhung bitten.

Wo ich Energie (Fett) ›ansetze‹	So werde ich aktiv
4. Ich werde mich erst um mein Aussehen kümmern, wenn ich endlich abgenommen habe.	Ich kann mir ein Kleid kaufen, in dem ich auch mit meinem jetzigen Gewicht attraktiv aussehe. Ich kann mich darum bemühen, auch jetzt schon gut auszusehen.
5. Ich möchte meinem Schwager sagen, daß er nicht länger bei uns wohnen kann, aber ich traue mich nicht.	Ich werde es ganz einfach riskieren, aufrichtig zu ihm zu sein.

1. _____

2. _____

3. _____

4. _____

5. _____

6. _____

7. _____

8. _____

ÜBUNG 37

Viele Menschen benutzen Essen dazu, Ihr natürliches Energieniveau zu verändern. Menschen, die zuviel nervöse Energie besitzen, können Essen benutzen, um diese Energie zu dämpfen. Menschen dagegen, die sich aufputschen möchten, greifen oft zu Zucker, Kaffee oder anderen Stimulantien, um ›in Schwung zu kommen‹. Wenn man Essen oder Getränke auf eine solche Weise benutzt, stört das den natürlichen Energiefluß und Körperrhythmus.

Was würde geschehen, wenn Sie Ihre Energie nicht durch Essen unter Kontrolle hielten? Wenn Sie sich nicht mehr daran hinderten, sie selbst zu sein, wie würde Ihre Energie dann aussehen?

Entspannen Sie sich einen Moment. Schließen Sie dann die Augen und gehen Sie so tief wie möglich in Ihr Inneres. Bitten Sie Ihre Intuition, Ihnen ein Bild Ihrer wahren Energie zu zeigen — davon, wie Sie wären, wenn Sie keine äußeren Hilfsmittel mehr benutzten, um sich zu kontrollieren oder künstlich zu verändern.

Beschreiben Sie dieses Bild in dem dafür vorgesehenen freien Feld.

Beziehungen

Wenn wir an Beziehungen denken, denken wir an einen äußeren Prozeß — unsere Erfüllung wird von außen kommen, von einem anderen Menschen. Unser erster Schritt auf der Suche nach einer befriedigenden Beziehung besteht darin, daß wir uns nach einem anderen Menschen umschauen, der unsere Bedürfnisse befriedigt. Doch in Wirklichkeit liegt der Schlüssel für erfolgreiche Beziehungen zu anderen *in* uns. Daher verwundert es nicht, daß wir bei der äußeren Suche nach Erfüllung so oft Enttäuschungen, Verbitterung, Frustration erleben.

Wirklich befriedigende Beziehungen beginnen in uns. Unsere einzig wahre Beziehung ist die Beziehung zu uns selbst. Alle anderen Beziehungen sind nur Spiegel davon. Wenn wir uns also für nicht liebenswert halten oder uns ständig selbst kritisieren, werden wir ständig Menschen anziehen und Situationen erzeugen, die uns in diesem Glauben bestärken. Umgekehrt werden wir, wenn wir lernen, uns selbst zu lieben, automatisch von anderen Menschen die Liebe und Anerkennung erhalten, die wir uns wünschen. Wenn wir uns selbst und der Wahrheit vertrauen, werden wir andere Menschen anziehen, die gleichfalls dieses Vertrauen haben.

Die folgende Übung kann Ihnen erkennen helfen, wie Ihre Vorstellungen über Beziehungen unmittelbar die Beziehungen beeinflussen, die Sie zu anderen Menschen haben. So bekommen Sie Gelegenheit, neue Vorstellungen zu entwickeln, die Ihnen gleichermaßen innere und äußere Erfüllung bescheren.

ÜBUNG 38

Denken Sie über sämtliche Ihrer bisherigen Liebesbeziehungen nach. Geben Sie eine kurze Beschreibung jeder einzelnen. Wie liefen sie ab? Wie fühlten Sie sich dabei? Was geschah? Sehen Sie bestimmte Muster, die sich wiederholen?

Beispiele:

Meine Liebesbeziehungen

1. Ich ging mit Jörg aus, der sich sehr für mich zu interessieren schien. Doch sobald ich mich ernsthaft für ihn interessierte, schien er sich zurückzuziehen. Wir trennten uns, als ich herausfand, daß er sich mit einer anderen Frau traf.
2. Ich traf mich mit Stefan, der mir erst ziemlich lange den Hof machte, ehe ich bereit war, mit ihm auszugehen. Doch dann widmete er sich immer stärker seinem Beruf und hatte kaum noch Zeit für mich. Wir beendeten unsere Beziehung, als er eine Arbeitsstelle in einem anderen Bundesland erhielt.

1. _____

2. _____

3. _____

4. _____

5. _____

6. _____

7. _____

8. _____

Falls Sie ein bestimmtes Muster entdecken, sollten Sie sich fragen, wie sich darin Ihre Beziehung zu sich selbst spiegelt. Wenn ich mich beispielsweise immer wieder zu Menschen hingezogen fühle, die mich ständig kritisieren, heißt das, daß ich mir selbst gegenüber sehr kritisch bin. Ziehe ich dagegen Menschen an, die mich liebevoll unterstützen, bedeutet das, daß ich auch mir selbst gegenüber liebevoll bin. Wenn Menschen mich im Stich lassen, heißt das, daß ich mich selbst emotional im Stich lasse. Mitunter werden die Antworten weniger offensichtlich sein. Bitten Sie dann das Universum, Ihnen Ihre Rolle in dem betreffenden Muster zu enthüllen, und seien Sie offen für die Einsichten, die sich daraufhin einstellen. Achtung: Oft werden wir uns erst beim Betrachten dieser Muster bewußt, wie sehr wir unsere Beziehungen kontrollieren. Wenn Sie sich klarwerden, was Sie getan haben, werden Sie dazu neigen, sich Vorwürfe zu machen. Tun Sie das nicht. Es kommt hierbei darauf an zu erkennen, daß Sie die Macht haben, Ihre Beziehungsmuster zu verändern, indem Sie an Ihrer Beziehung zu sich selbst arbeiten. Es geht nicht darum, sich zu wünschen, in der Vergangenheit anders gehandelt zu haben. Sie können das Universum stets um Hilfe bei der Heilung dieser negativen Muster bitten.

Schreiben Sie nun links Ihre Muster auf, und in der rechten Spalte nennen Sie Lösungsmöglichkeiten für das jeweilige Problem.

Beispiele:

Meine Muster	Erkenntnisse und Lösungen
1. Wie mein Vater (meine Mutter) gerate ich immer wieder an Männer (Frauen) mit unerfüllbaren emotionalen Bedürfnissen.	Meine Partner spiegeln den bedürftigen Teil in mir, jenen Teil, der in meiner Kindheit nicht genug Liebe und Zuwendung erhielt. Ich muß Verbindung zu diesem Kind in mir aufnehmen und lernen, für es zu sorgen.
2. Ich halte es in einer festen Beziehung nie länger als fünf oder sechs Monate aus. Dann drängt es mich, mit anderen Männern (Frauen) auszugehen. Ich glaube, mit mir stimmt irgend etwas nicht.	Es fällt mir schwer, in einer Beziehung aufrichtig meine Bedürfnisse geltend zu machen. Ich opfere der Beziehung meine Individualität und fühle mich dann unterdrückt und eingeengt. Ich kann mich so akzeptieren, wie ich bin, anstatt mich deswegen zu kritisieren. Ich kann im Rahmen einer psychologischen Beratung herausfinden, wie ich mich in einer Beziehung behaupten kann, anstatt immer wieder davonzulaufen.

Meine Muster	Erkenntnisse und Lösungen

1. _____

2. _____

3. _____

4. _____

5. _____

6. _____

7. _____

8. _____

9. _____

10. _____

ÜBUNG 39

Unsere Vergangenheit ist oft unser wertvollster Lehrer. Gab es in Ihrem bisherigen Leben Situationen, wo Sie sich heute wünschen, Sie wären damals Ihrer Energie gefolgt und hätten sich auf Ihren Instinkt verlassen? Schreiben Sie diese Erfahrungen auf.

Beispiele:

1. Ich fühlte mich genötigt, mit Stefan auszugehen, weil meine Mutter ihn als geeigneten Umgang für mich betrachtete. Ich wünschte, ich hätte meine Zeit nicht mit ihm vergeudet.
2. Ich wünschte, ich wäre damals in der Oberstufe mit dem Jungen aus der Theater-AG ausgegangen, doch ich tat es nicht, weil ich mich so unsicher fühlte.
3. Ich spreche nie mit Mädchen, mit denen ich wirklich gerne ausgehen würde. Ich weiß, daß ich ihnen sowieso nicht gefalle.

1. _____

2. _____

3. _____

4. _____

5. _____

6. _____

7. _____

Nehmen Sie nun jede dieser Erinnerungen, schließen Sie die Augen und sehen Sie sich im Geiste vor sich stehen. Reden Sie laut (oder im Geiste) mit sich selbst. Sagen Sie sich, welche Gefühle Sie bezüglich jeder dieser Erinnerungen haben. Wenn Sie sich Vorwürfe machen, sagen Sie das geradeheraus. Wenn Sie sich traurig oder ängstlich fühlen, sprechen Sie auch das offen aus. Wenn Sie damit fertig sind, sagen Sie zu Ihrem imaginierten Spiegelbild, was Sie daraus gelernt haben, daß Sie in diesen Fällen nicht taten, was Sie eigentlich gern tun wollten.

Lösen Sie sich dann von jeder dieser Erinnerungen. Sie können zu sich sagen: »Ich verstehe und lasse los«, oder: »ich bin jetzt bereit, mich davon zu lösen«, oder: »ich bin jetzt bereit, dir diese Sache zu vergeben.«

Gibt es *im Moment* jemandem in Ihrem Leben, zu dem Sie sich hingezogen fühlen, bei dem Sie sich aber bislang nicht getraut haben, Ihrer Energie zu folgen? Nutzen Sie das folgende freie Feld, um darüber zu schreiben.

ÜBUNG 40

Wie wäre es, wenn Sie eine leidenschaftliche Liebesaffäre mit sich selbst hätten? Wie wäre es, wenn Sie Ihrer Inneren Führung – Ihrer Energie – von Augenblick zu Augenblick folgten, um in Ihnen und um Sie herum Schönheit zu erzeugen und auszudrücken? Wie wäre es, wenn Sie sich selbst leidenschaftlich liebten und sich alle Aufmerksamkeit zuteil werden ließen, die Ihnen ein/e leidenschaftliche/r Geliebte/r schenken würde? Nutzen Sie das folgende freie Feld, um das zu beschreiben. Beschreiben Sie ein herrliches, vollkommen erfülltes Leben.

ÜBUNG 41

Geben Sie eine Beschreibung Ihrer idealen Beziehung. Achten Sie dabei auf alle wichtigen Einzelheiten: Was empfinden Ihr Partner und Sie füreinander? Wie sieht Ihre Kommunikation aus? Wie behandeln Sie einander? Was tun Sie gerne gemeinsam? Und so weiter. Beschreiben Sie das alles so real wie möglich.

Fragen Sie sich dann, welcher Teil in Ihnen sich vor einer solchen Beziehung fürchtet oder Sie davon abhält, eine solche Beziehung zu erleben? Warum? Wovor hat dieser Teil von Ihnen Angst? Beantworten Sie diese Fragen so ehrlich wie möglich. Dieser Vorgang wird Ihnen dabei helfen, sich Ihrer inneren Konflikte in bezug auf Liebesbeziehungen bewußt zu werden und diese Konflikte zu klären.

Anmerkung: Beziehungen sind ein vielschichtiger, anspruchsvoller und faszinierender Bereich unseres Lebens, in dem wir eine Menge lernen können. Eines der besten Bücher, um Beziehungen zu verstehen und aus ihnen zu lernen, heißt: *Embracing Each Other,* von Dr. Hal Stone und Dr. Sidra Winkelman, New World Library, 1989.

Sexualität und Leidenschaft

An unserer Fähigkeit, sexuelle Energie und Leidenschaft zu erleben, kann man erkennen, wie es um unsere Bereitschaft bestellt ist, dem Universum in uns zu vertrauen. Sexuelle Energie ist die Lebenskraft, die kreative Kraft des Universums. Je mehr wir uns selbst vertrauen und spontan auf diese Energie reagieren, desto freier und stärker wird uns die Lebenskraft durchströmen. Wenn wir keine Angst davor haben, alle unsere Gefühle zu erleben und auszudrücken, sind wir lebendig. Wir empfinden alles intensiver, und alles, was wir tun, hat eine ekstatische, orgasmische Qualität. Und nur wenn wir unsere tiefsten Gefühle wirklich ausdrücken, nimmt die Sexualität in unserem Leben ihren natürlichen Platz ein.

Leider sind die meisten von uns ziemlich geschickt darin, ihre sexuelle Energie zu blockieren. Wir wissen instinktiv, daß unsere sexuelle Energie die Macht hat, unser Leben völlig zu verwandeln. An ihr ist nichts Sicheres, Beständiges, Beruhigendes. Weil wir es nicht verstehen, dem Universum in uns zu vertrauen, bekommen wir Angst vor uns selbst und davor, wo unsere sexuelle Energie uns hinführen könnte. Das Universum ist reine Energie, die darauf wartet, sich durch uns zu ergießen, aber der Gedanke an eine so grenzenlose Kraft erschreckt uns. Deshalb versuchen wir, die Energie zu beherrschen und ihren Fluß durch strikte Regeln und Gebote einzudämmen. Statt uns selbst von Augenblick zu Augenblick zu vertrauen, versuchen wir, unsere Sexualität von unseren anderen Gefühlen und Emotionen zu trennen.

Die sexuelle Energie eines jeden Menschen ist einzigartig. Jeder von uns besitzt seinen eigenen sexuellen Rhythmus und Ausdruck. Wenn wir uns von allen Regeln und Beschränkungen befreien, können wir unseren natürlichen Energiefluß kennenlernen. Wenn wir es für möglich halten, das Alte loszulassen und einen neuen Weg zu gehen, werden wir ständig neue Formen für unseren sexuellen Selbstausdruck finden.

Die folgenden Übungen helfen Ihnen, sich einiger Ihrer bislang unterdrückten Gedanken und Gefühle zum Thema Sex bewußt zu werden. Sie geben Ihnen die Möglichkeit zu erkennen, wie Ihre Glaubensüberzeugungen auf diesem Gebiet sich in Ihren sexuellen Beziehungen widerspiegeln. Außerdem können diese Übungen Ihr Gefühl für Ihre eigene sexuelle Energie steigern und für die Energie, die Sie umgibt.

ÜBUNG 42

Während wir erwachsen wurden, begegneten uns viele verschiedene und widersprüchliche Ansichten über Sex. Vielleicht verbot man uns unsere unschuldige Art, uns sexuell auszudrücken. Oder irgendeine religiöse Organisation legte uns nahe, daß Sexualität etwas irgendwie Böses ist. Im Gegensatz dazu strömte aus Fernsehen, Zeitschriften und Kinofilmen eine Fülle von sexuellen Bildern auf uns ein, die uns suggerierten, daß Sex das wichtigste überhaupt sei. Denken Sie über die Ideen und Überzeugungen zum Thema Sex nach, die Sie sich als Heranwachsende aneigneten, und über jene, die Sie heute haben. Listen Sie sie in der linken Spalte auf.

Wenn Sie damit fertig sind, nehmen Sie all diese alten Vorstellungen und Überzeugungen, die Ihr Leben bestimmt haben, und wandeln Sie sie in Affirmationen um.

Beispiele:

Negative Vorstellungen	Affirmationen
1. Ich kann mir nicht vertrauen, was meine sexuellen Begierden angeht.	Ich vertraue mir jetzt voll und ganz. Ich vertraue allen meinen Gefühlen, einschließlich meinen sexuellen Gefühlen, und äußere sie.
2. Solange mein Körper nicht besser aussieht, kann ich mit niemandem Sex haben.	Ich liebe und akzeptiere meinen Körper. Ich habe einen sexuellen Partner, der mich und meinen Körper liebt und wertschätzt.
3. Ich will zu viel oder zu wenig Sex.	Ich vertraue jetzt meinem sexuellen Rhythmus. Ich achte auf meine Bedürfnisse und erlaube es mir, sie zu befriedigen.

Negative Vorstellungen	Affirmationen
1. _____	
2. _____	
3. _____	
4. _____	
5. _____	
6. _____	
7. _____	
8. _____	
9. _____	
10. _____	

ÜBUNG 43

Die folgende Meditation wird Sie zu einer peinlichen oder schmerzhaften Situation in Ihrer Vergangenheit zurückführen und Ihnen dabei helfen, diese Wunde zu heilen. Sie können diese Übung mit einem guten Freund oder einem Therapeuten durchführen, der Ihnen beim Durchleben Ihrer Gefühle helfen kann. Wenn Sie die Übung mit einem Freund machen, können Sie sich abwechselnd durch die Meditation führen.

Ein warnender Hinweis: Viele Menschen haben als Kinder oder Jugendliche schmerzhafte sexuelle Erlebnisse. Manchmal wurden diese schmerzhaften Erinnerungen unterdrückt und verdrängt. Wenn während dieser Meditation furchterregende und überwältigende Erinnerungen zum Vorschein kommen, sollten Sie sich *unbedingt* einer professionellen Beratung oder Therapie unterziehen, um diese Wunde aufzudecken und zu heilen.

Meditation

Schließen Sie die Augen, atmen Sie tief durch und entspannen Sie allmählich Ihren ganzen Körper. Atmen Sie erneut tief durch und entspannen Sie Ihren Geist. Atmen Sie langsam und tief weiter, und entspannen Sie sich dabei möglichst tief.

Gehen Sie mit jedem Atemzug tiefer in Ihr Inneres, zu einem ruhigen Ort der Stärke, der Weisheit und Kraft und des inneren Wissens.

Stellen Sie sich nun vor, daß Sie einen Pfad entlanggehen, der durch eine sehr schöne natürliche Umgebung führt. Spüren Sie die Erde unter Ihren Füßen und die Sonne auf Ihrer Haut, und nehmen Sie die Tiere wahr, die sich dort in der freien Natur aufhalten.

Gehen Sie auf diesem Pfad weiter und weiter hinab, bis Sie zu einer schönen Wiese kommen. Entdecken Sie die Schönheit dieser Wiese und erschaffen Sie sich dort einen Ort der Geborgenheit. Suchen Sie sich eine Stelle, wo Sie sich bequem hinsetzen oder hinlegen können. Machen Sie es sich bequem und erlauben Sie es dann, daß in Ihnen die Erinnerung an ein besonders peinliches oder schmerzliches sexuelles Erlebnis aufsteigt. Beobachten Sie diese Erinnerung. Sie werden nur soviel sehen, wie Sie zu sehen bereit sind. Atmen Sie ruhig weiter. Lassen Sie alle mit diesem Erlebnis verknüpften Umstände klar in Ihr Bewußtsein treten. Wen sehen Sie? Waren Sie allein? Oder sind andere Personen beteiligt? Eine oder mehrere Personen? Achten Sie auf alle besonderen Gerüche oder Geräusche und auf sämtliche visuellen Eindrücke. Wie fühlen Sie sich?

Wenn Sie die Erinnerung genau erforscht haben, lösen Sie sich von ihr und entspannen Sie sich einen Moment. Wenn Sie dazu bereit sind, können Sie sich der Erinnerung wieder zuwenden. Wenden Sie nun kreatives Visualisieren an, um das Ereignis positiv umzugestalten. Sie können visualisieren, daß Sie die Kontrolle über die Situation zurückgewinnen. Schließlich fehlte Ihnen, als Sie die Situation zum erstenmal erlebten, diese Kontrolle. Deshalb war das Erlebnis schmerzhaft. Diesmal können Sie etwas sagen oder tun, was Ihnen die Kontrolle zurückgibt, so daß die Erfahrung sich in die von Ihnen wirklich gewünschte Richtung entwickelt.

Was würden Sie heute in der betreffenden Situation anders machen? Gibt es etwas, das Sie damals gerne gesagt hätten? Oder wünschen Sie sich, es wäre damals jemand dagewesen, um Sie zu beschützen? Haben Sie das Bedürfnis, Ärger, Zorn oder Schmerz zu äußern? Welche Bedürfnisse Sie bezüglich dieses Erlebnisses auch haben mögen, jetzt ist die Gelegenheit, sie zu erfüllen. Vielleicht möchten Sie sich selbst und das betreffende Ereignis in goldenes Licht hüllen. Vielleicht möchten Sie das ganze Erlebnis verändern oder etwas Bestimmtes sagen oder tun. Was es auch ist, gehen Sie im Geiste zurück und tun Sie es jetzt.

Wenn die Sache für Sie abgeschlossen ist, lösen Sie sich von der Erinnerung und visualisieren, daß Sie sich wieder ganz in Ihrer Mitte befinden, an dem Ort Ihrer Intuition, im Frieden und in der Weisheit Ihres inneren Heiligtums. Atmen Sie ein paarmal tief durch und kehren Sie langsam in die Außenwelt zurück. Wenn Sie bereit sind, öffnen Sie die Augen und sind wieder ganz im Hier und Jetzt. Schreiben Sie Ihre Erfahrung auf, wenn Sie möchten, oder malen Sie sie.

ÜBUNG 44

Alles besteht aus Energie. Die Lebenskraft, die durch alle Lebewesen und alle Dinge fließt, ist sehr sinnlich. Kleine Kinder erleben alles sehr sinnlich und können ihre Sinnlichkeit auf eine sehr sichere und unschuldige Weise äußern. Jetzt haben Sie die Chance, das gleiche zu tun. Betrachten Sie während eines ganzen Tages alles, was Sie erleben, als eine sinnliche Erfahrung. Genießen Sie zum Beispiel morgens nach dem Aufwachen das angenehme Gefühl, sich im Bett auszustrecken und herzhaft zu gähnen. Ziehen Sie etwas an, indem Sie sich körperlich wohlfühlen. Machen Sie ein wenig Gymnastik, die Ihnen Spaß macht. Essen Sie Dinge, die appetitlich aussehen und köstlich schmecken. Hören Sie Ihre Lieblingsmusik. Achten Sie auf den Duft der Dinge. Verbringen Sie Zeit im Freien, nehmen Sie Fühlung mit der Natur auf. Massieren Sie jemanden, oder lassen Sie sich selbst massieren. Sitzen Sie dicht bei einem anderen Menschen, oder schmusen Sie mit einem Tier. Genießen Sie einfach voller Freude die natürliche, schöne, sinnliche Lebensenergie, die Sie selbst und alles in Ihrer Umgebung durchströmt.

Diejenigen, die einen Partner haben, können diese Übung ausdehnen. Verbringen Sie einen ganzen Tag oder ein paar Stunden auf die oben beschriebene sinnlich schöne Weise, *ohne* daß es zwischen Ihnen zum Geschlechtsverkehr kommt. Erleben Sie die körperliche Nähe des Partners – indem Sie sich aneinanderkuscheln, sich berühren, sich gegenseitig sanft massieren. Aber lassen Sie es dabei bewußt *nicht* zur sexuellen Vereinigung kommen. Der Sinn dabei ist, einander besser kennenzulernen und die gegenseitige Nähe zu genießen ohne den Druck, diese Erlebnisse zum sexuellen Höhepunkt steigern zu müssen.

Unsere Kinder

Unsere besonders intimen Beziehungen sind unser stärkster Spiegel — Familienmitglieder oder Partner drücken oft jene Gefühle aus, gegen die wir selbst uns sperren. Besonders Kinder können Spiegel für unsere Gefühle sein. Da ihr Wesen noch ungehemmt ist, werden von ihnen oft jene Gefühle artikuliert oder ›ausagiert‹, die wir selbst unterdrücken.

Wenn Sie zum Beispiel versuchen, ruhig und gelassen zu erscheinen, während Sie sich in Wahrheit erregt und ärgerlich fühlen, können Ihre Kinder das widerspiegeln, indem sie wild und aggressiv werden. Dann können Sie noch so sehr versuchen, die Kontrolle zu behalten, Ihre Kinder werden die chaotische Energie in Ihnen spüren und sie in ihrem Verhalten widerspiegeln. Kinder spüren unsere wahren Gefühle sehr genau. Wenn Sie selbst Ihre Gefühle nicht ausdrücken, werden Ihre Kinder das oft an Ihrer Stelle tun.

Natürlich versuchen die meisten Eltern, Ihre Kinder von jenen Problemen und Frustrationen abzuschirmen, mit denen sie selbst sich täglich konfrontiert sehen. Sie glauben, daß es die Kinder nur verstören würde, wenn man ihnen gegenüber solche Gefühle äußert, weil sie noch zu klein sind, um die Probleme der Erwachsenen zu verstehen. Aber die eigenen Gefühle wirkungsvoll mit den Kindern zu teilen bedeutet nicht, daß man seine Wut an ihnen ausläßt oder die eigenen Probleme in allen Einzelheiten vor ihnen ausbreitet. Sie sollten den Kindern einfach nur ehrlich mitteilen, wie Sie sich gerade fühlen. Beispielsweise können Sie sagen: »Ich bin im Moment wirklich ärgerlich und frustriert, weil ich einen so schweren Tag hatte. Deshalb möchte ich jetzt gerne ein paar Minuten für mich allein sein, um etwas zur Ruhe zu kommen. Es wäre nett, wenn du solange ein bißchen draußen spielen würdest.« Wenn Sie Ihre wahren Gefühle offen äußern, werden Ihre Kinder sich in der Regel beruhigen. Sie mögen die Wahrheit, mögen es, wenn Ihre Worte und Ihre Gefühle übereinstimmen.

Die folgenden Übungen können Ihnen aufzeigen, wie Ihre Kinder Sie widerspiegeln. Die Übungen sollen Ihnen Mut machen, Ihre Gefühle offen und aufrichtig mit Ihren Kindern zu teilen.

ÜBUNG 45

Nennen Sie in der linken Spalte mehrere ›negative‹ Erlebnisse, die Sie in letzter Zeit mit Ihrem Kind oder Ihren Kindern hatten. Oder nennen Sie einige Charakterzüge Ihres Kindes, die Ihnen Sorgen machen. Fragen Sie sich dann, wie sich in diesen Punkten jeweils Ihr eigener innerer Zustand spiegelt, und tragen Sie die Antworten in die rechte Spalte ein. Wenn Sie erkannt haben, wie sich im Verhalten Ihrer Kinder Ihre eigenen Gefühle widerspiegeln, sollten Sie sich deswegen keine Vorwürfe machen und auch nicht krampfhaft versuchen, sich zu ändern. Der Wert der Übung liegt darin, Ihre eigenen Gefühle zu erkennen und zu verstehen.

Beispiele:

Negative Erlebnisse	Was sie widerspiegeln
1. Sarah ist immer so rebellisch.	Meine viele Verantwortung ist eine richtige Last geworden. Ein Teil von mir möchte dagegen rebellieren, immer so ein ›braves Mädchen‹ zu sein, aber das würde ich mir nie erlauben.
2. Am Montag abend war Willy unglücklich und hatte an allem, was ich und seine Brüder taten, etwas auszusetzen.	Ich bin in der letzten Zeit übertrieben selbstkritisch gewesen.
3. Meine Kinder kleben in letzter Zeit wie Kletten an mir. Und ständig wollen sie irgend etwas.	Ich habe das Gefühl, nie Zeit für mich zu haben. Nie werden meine eigenen Bedürfnisse erfüllt. Es gibt in mir ein Kind, daß sich nach Liebe sehnt, aber ich bin viel zu eifrig damit beschäftigt, stark und kompetent zu sein.
4. Meine Kinder sind egoistisch und schwierig. Sie nehmen überhaupt keine Rücksicht auf mich.	Ich bin eine ›Märtyrer-Mutter‹, die sich ständig für ihre Kinder aufopfert. Ich muß lernen, auch auf meine eigenen Bedürfnisse zu achten, indem ich meinen Kindern Grenzen setze und ›nein‹ sage, wenn das angebracht ist.

Negative Erlebnisse	Was sie widerspiegeln

1. _____

2. _____

3. _____

4. _____

5. _____

6. _____

7. _____

8. _____

9. _____

10. _____

Zählen Sie nun alles Positive auf, was Sie bei Ihren Kindern wahrnehmen. Beschreiben Sie dann in der rechten Spalte, wie Sie sich auch darin widerspiegeln.

Beispiele:

Positive Erlebnisse	Was sie widerspiegeln
1. Meine Kinder entscheiden selbständig, womit sie sich beschäftigen möchten, und tun es dann auch.	Ich freue mich über die Selbständigkeit meiner Kinder. So habe ich mehr Zeit für Dinge, die mir Freude machen.
2. Rebekka fällt es leicht, ihre Gefühle zu äußern.	Ich habe gelernt, meine Gefühle zu akzeptieren. Ich äußere meine Gefühle gegenüber den anderen Familienmitgliedern.
3. Jörg spielt gerne Klavier und gab in der Schule ein Konzert.	Als Kind wurde es mir nie erlaubt, wirklich kreativ zu sein, aber ich lerne es jetzt, meine Kreativität auszudrücken. Ich bin stolz auf die Kreativität meiner Kinder.

Positive Erlebnisse	Was sie widerspiegeln

1. _____

2. _____

3. _____

4. _____

5. _____

6. _____

7. _____

8. _____

9. _____

10. _____

ÜBUNG 46

Üben Sie sich darin, Ihren Kindern die Wahrheit zu sagen und ihnen aufrichtig Ihre Gefühle mitzuteilen, auch wenn Sie sich dabei verletzlich und unbehaglich fühlen, weil Sie dann nicht mehr alles unter Kontrolle haben. Fragen Sie sie, was sie empfinden, und achten Sie genau auf das, was sie zu sagen haben. Wenn Sie sich versucht fühlen, ihnen Ratschläge zu erteilen, fragen Sie sie zunächst, ob sie Ihren Rat hören wollen. Falls nicht, beschreiben Sie ihnen statt dessen aufrichtig Ihre Gefühle.

Notieren Sie in dem nun folgenden freien Feld, welche Ergebnisse sich daraufhin einstellten. Wenn Sie sich diese Notizen ab und zu wieder anschauen, werden Sie einen Blick dafür entwickeln, wie sich Ihr Verhältnis zu Ihren Kindern entwickelt. Es wird Ihnen auch helfen, Bereiche zu erkennen, in denen immer wieder Probleme auftauchen.

ÜBUNG 47

Kinder verfügen über eine enorme Kreativität, wenn sie nicht von den Erwachsenen unterdrückt wird. Sie können uns helfen, selbst wieder in Kontakt mit unserer eigenen Kreativität zu kommen, wenn wir das zulassen. Diese Übung soll Ihnen helfen, lockerer zu werden, Spaß zu haben und kreativer zu werden, indem Sie einfach mit Ihren Kindern spielen. Wenn Sie selbst keine Kinder haben, ›leihen‹ Sie sich eines und spielen Sie mit ihm!

Setzen Sie sich mit Ihrem Kind an einen leeren Tisch, auf dem für Sie beide genügend Platz sein sollte. Legen Sie ein Sortiment bunter Malkreiden bereit (es können auch Buntstifte sein) und viele Bögen unliniertes weißes Papier. Fangen Sie nun, ohne viel zu überlegen, einfach an zu malen. Suchen Sie sich Ihre Lieblingsfarben, und lassen Sie die Stifte einfach über das Papier wandern. Versuchen Sie nicht, irgendein bestimmtes Motiv zu zeichnen. Wenn Sie das Gefühl haben, daß das Bild fertig ist, geben Sie es Ihrem Kind und nehmen dafür seines. Nun muß jeder versuchen, das Bild des anderen so gut wie möglich zu imitieren.

Eine Variante dieser Übung besteht darin, Ihr Kind einfach etwas aufs Papier kritzeln zu lassen. Dann nehmen Sie die Kritzelei Ihres Kindes und versuchen, daraus etwas Gegenständliches zu zeichnen. Dann machen Sie es umgekehrt.

Leben und Tod

Lebendig zu sein bedeutet, dem Fließen der eigenen Energie zu folgen. Immer wenn wir dem Fluß unserer Lebensenergie vertrauen und demgemäß leben, öffnet sich unser Kanal und füllt unseren physischen Körper mit Energie. Sogar unsere Zellen werden erneuert und genährt, so daß wir uns vital und gesund fühlen. Je mehr Lebenskraft uns durchströmt, desto lebendiger fühlen wir uns.

Wenn wir uns, bewußt oder unbewußt, dafür entscheiden, den Fluß der Lebensenergie in uns zu blockieren, ist der Tod die Folge. Wenn wir nicht länger unserer inneren Wahrheit folgen, hat unser Körper unter dem daraus resultierenden Verlust an Lebenskraft zu leiden. Nach und nach stellt sich dann körperlicher, emotionaler und spiritueller Verfall ein. Wir alle haben schon erlebt, wie Streß und emotionale Blockaden uns selbst und anderen Menschen zusetzten – ein verhärmtes Gesicht, Sorgenfalten, die sich tief ins Gesicht graben, ständige Rückenschmerzen, und schließlich eine ernste – womöglich tödliche – Krankheit.

Mit Hilfe der folgenden Übungen können Sie erkennen, in welche Richtung Sie gegenwärtig in jedem Bereich Ihres Lebens steuern: Leben oder Tod. Sie können Ihnen dabei helfen, sich täglich für ein erfülltes Leben in immer neuer Vitalität und Freude zu entscheiden.

ÜBUNG 48

Beschreiben Sie auf der folgenden freien Seite, wie Ihr ideales Leben aussehen würde, wenn Sie sich selbst wirklich lieben und vertrauen könnten und stets Ihrem inneren Sinn für Wahrheit und Integrität gemäß lebten. Wie wäre es, täglich Entscheidungen zu treffen, die es Ihnen erlauben, sich wirklich lebendig zu fühlen?

Schreiben Sie nun auf, welche Gewohnheiten, Sorgen oder Ängste Sie daran hindern, ein freies und erfülltes Leben zu führen.

ÜBUNG 49

Zählen Sie nun die Verpflichtungen auf, die Sie in diesem Moment einzugehen bereit sind, um Ihr Dasein wirklich mit Leben zu erfüllen. Zum Beispiel:

1. Ich bin jetzt bereit, statt fünf nur noch vier Tage pro Woche zu arbeiten. Ich werde weniger arbeiten und mich mehr entspannen. Das wird mich verjüngen und stärken.
2. Ich werde aufhören, meine Gefühle in mich hineinzufressen. Ich werde einen guten Therapeuten finden, der mir hilft, meine Gefühle auszudrücken.
3. Ich werde einen Abend in der Woche meinem kreativen Projekt widmen.
4. An einem Tag in jedem Monat werde ich den ganzen Tag über in jedem Moment meiner Intuition folgen. Ich werde Tagebuch führen, um die Ergebnisse dieses Versuchs schriftlich festzuhalten.

1. _____

2. _____

3. _____

4. _____

5. _____

6. _____

7. _____

Eine neue Art zu leben

Wir leben in sehr aufregenden und bewegten Zeiten. Überall auf dem Planeten findet eine radikale spirituelle Transformation statt. Jeder einzelne von uns ist gefordert, die gegenwärtig vorherrschende Lebensweise aufzugeben und eine völlig neue zu finden. Wir sind in der Tat dabei, die Pfade der alten Welt hinter uns zu lassen und an ihrer Stelle eine neue Welt zu errichten.

Die alte Welt basierte auf unserer Konzentration auf das Äußere. In dieser Welt haben wir Glück und Erfüllung stets in äußeren Dingen gesucht – in Geld, materiellem Besitz, zwischenmenschlichen Beziehungen, Arbeit, Berühmtheit, guten Taten, Essen oder Drogen. Doch die simple Wahrheit lautet, daß die alte Lebensweise, der wir über Jahrhunderte gefolgt sind, nicht funktioniert. Sie hat uns nie die tiefe Erfüllung, Befriedigung und Freude gebracht, nach denen wir immer gesucht haben. Und jetzt bringen wir durch diese Lebensweise unseren ganzen Planeten in Gefahr. Während wir zu dieser Erkenntnis erwachen, suchen wir intuitiv eine bewußte Verbindung mit dem Spirituellen.

Die neue Welt wird auf diesem spirituellen Fundament errichtet. Indem wir Verbindung zu unserer inneren spirituellen Bewußtheit aufnehmen, lernen wir auch, daß wir unsere eigene Realität erschaffen können, und wir beginnen zu verstehen, wie wir für diese Realität die Verantwortung übernehmen können. Der Wandel beginnt bei jedem einzelnen Menschen, doch wenn immer mehr Individuen sich wandeln, wirkt sich das zunehmend auch auf das Massenbewußtsein aus.

Während wir den Übergang von der alten zur neuen Welt vollziehen, mag es zunächst so aussehen, als würde die Lage sich weiter verschlechtern. Vieles, was stets funktioniert hat, funktioniert nun plötzlich nicht mehr. Tatsächlich ist vieles in Auflösung begriffen, und dieser Vorgang wird noch an Intensität zunehmen. Doch das ist positiver, natürlicher Bestandteil des Wandlungsprozesses. Unsere Besorgnis rührt daher, daß wir uns emotional noch an unsere alte Lebensweise klammern. Der Übergang kann interessant und aufregend sein, wenn wir unsere Augen für die sich gegenwärtig vollziehenden tiefgreifenden Veränderungen öffnen und sie willkommen heißen.

Wir lernen jetzt, wie wir im Einklang mit den wahren Gesetzen des Universums leben können. In Harmonie mit dem Universum zu leben bedeutet, ein reiches Leben zu führen, bei dem in allen Bereichen Vitalität, Freude, Kraft, Liebe und Fülle herrschen. Wenn es also auch manchmal schwierig sein mag, sich von der alten Welt zu lösen, lohnt sich gewiß jede Anstrengung, um den Übergang in die neue Welt zu schaffen. Dieser Prozeß kann nicht künstlich beschleunigt oder vorangetrieben werden. Wir sind gefordert, die wertvollen Aspekte unserer alten Seinsweise anzuerkennen und mit uns zu nehmen, während wir, in unserem eigenen Tempo, ins Neue voranschreiten. Das ist eine lebenslange Reise.

Die folgenden Übungen können Ihnen dabei helfen, die Reise von der alten Welt in die neue Welt mit Freude und Bewußtheit zu bewältigen.

ÜBUNG 50 – Meditation

Schließen Sie die Augen und atmen Sie ein paarmal tief durch. Lassen Sie alle äußeren Sorgen los und richten Sie Ihre Aufmerksamkeit auf einen ruhigen Ort tief in Ihrem Inneren.

Stellen Sie sich vor, daß Sie an einem stillen, friedlichen Ort unter dem klaren Sternenhimmel stehen. Ein riesiges Lagerfeuer lodert vor Ihnen. Spüren Sie die Wärme des Feuers und den tiefen Frieden, der in der Luft liegt. Tanzen Sie nun langsam um das Feuer und werfen Sie dabei alles in die Flammen, was für Sie die alte Lebensweise repräsentiert. Sagen Sie, während Sie sich um das Feuer bewegen: »Ich entlasse jetzt allen Kampf aus meinem Leben. Ich entlasse jetzt Furcht, Krankheit und Disharmonie aus meinem Leben. Ich entlasse jetzt jegliche Armut aus meinem Leben und werfe sie in das Feuer.

Ich entlasse jetzt _____

_____

aus meinem Leben und werfe sie in das Feuer.« (Tragen Sie hier alles ein, was Ihnen in den Sinn kommt.) Umkreisen Sie weiter das Feuer und lassen Sie alles los, was für Sie ein Bestandteil der alten Lebensweise ist. Fühlen Sie, wie Ihnen dabei immer leichter ums Herz wird.

Wenn Sie das Gefühl haben, alle Bestandteile der alten Lebensweise losgelassen zu haben, die Sie nicht länger brauchen, entfernen Sie sich von dem Feuer. Bleiben Sie dann still unter dem Sternenhimmel stehen. Freuen

Sie sich jetzt, nachdem Sie sich von altem Ballast befreit haben, an dem Gefühl neuer Leichtigkeit.

Stellen Sie sich vor, daß Sie Ihre Arme weit öffnen und das Neue willkommen heißen. Indem Sie das Alte losließen, haben Sie in sich Raum geschaffen, und nun können Sie diesen Raum mit dem Neuen füllen. Seien Sie offen für bildhafte Vorstellungen dieses Neuen, die sich nun vielleicht einstellen. Während Sie innere Bilder sehen, die Ihnen zeigen, wie dieses Neue aussieht, können Sie sagen: »Ich empfange jetzt Leichtigkeit und Freude in meinem Leben, ich empfange jetzt Fülle, ich beanspruche jetzt eine friedliche Welt, ich empfange jetzt _____

_____.«

(Ergänzen Sie auch hier wieder selbst den Satz.) Bleiben Sie, solange Sie möchten, dort unter den Sternen stehen, und empfangen und beanspruchen Sie die Geschenke des Universums. Wenn Sie spüren, daß es Zeit dafür ist, lassen Sie die Sterne und das Lagerfeuer hinter sich, und kehren Sie erfrischt und erfüllt von der Energie Ihrer neuen Welt in Ihre alltägliche Umgebung zurück.

Zählen Sie auf der folgenden Seite alles auf, was Sie loszulassen bereit sind. Reißen Sie die Seite dann heraus und verbrennen Sie sie. Diese Handlung symbolisiert, daß Sie sich von allem Alten lösen.

Zählen Sie dann auf der zweiten Leerseite auf, welche neuen Dinge Sie nun empfangen möchten. Beanspruchen Sie diese Dinge für sich.

Dinge, die ich jetzt loslasse

Neue Dinge, die ich nun empfangen möchte

ÜBUNG 51

Beschreiben Sie jetzt Ihre neue Art zu leben. Beschreiben Sie sie in der Gegenwart, so als wäre sie bereits Wirklichkeit. Wie sieht dieses neue Leben für Sie und Ihre Umwelt aus, wie fühlt es sich an? Verbringen Sie jeden Tag ein paar Minuten damit, sich das lebhaft bildlich vorzustellen. Achten Sie darauf, wie diese Vision, während Sie ihr immer mehr Aufmerksamkeit schenken, sich allmählich in Ihrem Leben verwirklicht.

Die Veränderung der Wirklichkeit

Wie können wir positive Veränderungen in der Welt herbeiführen? Wenn sie sich dieser Herausforderung gegenübersehen, reagieren viele von uns auf eine der beiden folgenden Weisen:

1. Wir fühlen uns von dieser Verantwortung überfordert, bekommen das Gefühl, daß nichts, was wir tun könnten, irgendwie von Nutzen sein kann, und tun deshalb überhaupt nichts. Oder:
2. Von bewußter oder unbewußter Angst und Verzweiflung getrieben, handeln wir aus der Position des ›Opfers‹ oder des ›Retters‹. Dann kämpfen wir oder opfern uns auf, um ›die Welt zu retten‹. Diese Art, die Dinge anzugehen, führt in der Regel dazu, daß wir zur Vergrößerung der Probleme beitragen, die wir eigentlich lösen wollen.

Es gibt eine dritte Alternative. Wahre Transformation, auf der persönlichen und auf der planetaren Ebene, erreichen wir, wenn immer mehr von uns auf ihre innere Führung hören und dem Fluß ihrer eigenen Lebensenergie folgen. Auf diese Weise erfüllt sich die Bestimmung unseres Lebens, und wir tragen mit unseren größten Gaben zum Wohl der Welt bei. Indem wir tun, was wir lieben, erfahren wir Freude, Anregung und Lebendigkeit, und bereichern die Welt durch unser Dasein. Diese Energie verleiht unserem sozialen und politischen Handeln beträchtliche Wirkungskraft.

Diese Übungen helfen Ihnen, Wege zu finden, wie Sie wirkungsvolle Veränderungen in der Welt herbeiführen können.

ÜBUNG 52 – Meditation

Machen Sie es sich bequem, entspannen Sie sich und schließen Sie die Augen. Atmen Sie langsam und tief, und entspannen Sie sich mit jedem Ausatmen tiefer. Lenken Sie Ihre Aufmerksamkeit auf einen Ort tief in Ihrem Inneren, einen Ort, wo Sie mit Ihrer eigenen größten Weisheit in Verbindung stehen. Bitten Sie Ihre Innere Führung, Ihnen mitzuteilen, auf welche Weise Sie mithelfen können, die Welt zum Besseren zu verändern. Werden Sie dann still und seien Sie offen für die Antwort, die in Form von Gefühlen, Worten oder Bildern kommen kann. Wenn Sie möchten, können Sie um Erläuterungen oder speziellere Informationen bitten. Wenn Sie nicht gleich eine Antwort erhalten, lassen Sie die Sache auf sich beruhen in dem Wissen, daß die Antwort sich in naher Zukunft mit Sicherheit einstellen wird. Wiederholen Sie diese Meditation so oft Sie möchten. Ihre Bewußtheit wird dabei stetig wachsen, und Sie werden immer mehr Informationen erhalten.

Hier sind ein paar Beispiele für Erkenntnisse, die sich während dieser Meditation einstellen können:

»Ich bin als Lehrer ein Naturtalent. Ich helfe Menschen zu lernen, wie sie ein erfülltes Leben führen können.«

»Ich bin gut darin, Dinge zu organisieren und mich um geschäftliche Angelegenheiten zu kümmern. Ich werde meine Talente für eine gute Sache zur Verfügung stellen und dazu beitragen, daß diese Sache ein Erfolg wird.«

»Meine größte Gabe besteht darin, fürsorglich gegenüber meinen Kindern, meinen Freunden und mir selbst zu sein. Indem ich meinen Mitmenschen gegenüber mitfühlend und hilfreich bin, heile ich sie und gebe ihnen Kraft. Indem ich mir selbst gegenüber mitfühlend bin, gebe ich ein gutes Beispiel für andere.«

»Ich habe eine Menge gute Ideen, wie die Dinge in dieser Stadt besser gemacht werden können. Ich werde mich um einen Sitz im Stadtrat bewerben.«

»Ich bin hier, um für Freude zu sorgen. Ich liebe es, Spaß zu haben und Menschen zum Lachen zu bringen. Ich tue einfach das, was mir Freude macht, und lasse andere Menschen an meiner Freude teilhaben.«

ÜBUNG 53

Stellen Sie eine Liste von Dingen auf, die Ihnen Freude machen und die etwas zum allgemeinen Wohl beitragen und/oder auf irgendeine Weise positive Veränderungen im Kleinen oder im Großen herbeiführen können. Erwähnen Sie auch Dinge, die vielleicht nur einen oder wenige Menschen oder Tiere, oder nur einen kleinen Teil der Erde betreffen.

Tun Sie täglich (oder einmal in der Woche) eines dieser Dinge, in vollem Bewußtsein, daß Sie damit einen Beitrag zur positiven Veränderung dieser Welt leisten.

1. _____

2. _____

3. _____

4. _____

5. _____

6. _____

7. _____

8. _____

9. _____

10. _____

Informationen über Seminare

Wenn Sie sich über Seminare mit Shakti Gawain informieren möchten, schreiben Sie an:

Shakti Center, P.O. Box 377, Mill Valley, CA 94942, U.S.A., Tel: 001 – 415 – 927 – 2277.

Notizen

Notizen

Notizen

Notizen

Notizen

Notizen

Notizen